不列颠古典法学丛编
欧诺弥亚译丛

边沁的现代国家理论

Bentham's Theory of the Modern State

[美]南希·L. 罗森布卢姆 著
王 涛 译

华东师范大学出版社

华东师范大学出版社六点分社　策划

欧诺弥亚译丛编委会成员（以姓氏笔画为序）

马华灵　王　涛　吴　彦

杨天江　徐震宇　黄　涛

欧诺弥亚译丛·总序

近十余年来,汉语学界政治法律哲学蔚然成风,学人开始崇尚对政治法律生活的理性思辨,以探究其内在机理与现实可能。迄今为止,著译繁多,意见与思想纷呈,学术积累逐渐呈现初步气象。然而,无论在政治学抑或法学研究界,崇尚实用实证,喜好技术建设之风气亦悄然流传,并有大占上风之势。

本译丛之发起,旨在为突破此等侧重技术与实用学问取向的重围贡献绵薄力量。本译丛发起者皆为立志探究政法之理的青年学人,我们认为当下的政法建设,关键处仍在于塑造根本原则之共识。若无此共识,则实用技术之构想便似空中楼阁。此处所谓根本原则,乃现代政法之道理。

现代政法之道理源于对现代人与社会之深入认识,而不单限于制度之塑造、技术之完美。现代政法世界之塑造,仍需重视现代人性之涵养、政道原则之普及。若要探究现代政法之道,勾画现代人性之轮廓,需依傍塑造现代政法思想之巨擘,阅读现代政法之经典。只有认真体察领悟这些经典,才能知晓现代政法原则之源流,了悟现代政法建设之内在机理。

欧诺弥亚(Εὐνομία)一词,系古希腊政治家梭伦用于描述理想政制的代名词,其着眼于整体福祉,而非个体利益。本译丛取其古意中关切整体命运之意，彰显发起者们探究良好秩序、美好生活之要旨。我们认为，对现代政治法律道理的探究，仍然不可放弃关照整体秩序，在整体秩序之下看待个体的命运，将个体命运同整体之存续勾连起来，是现代政法道理之要害。本译丛对现代政治法律之道保持乐观心态，但同样尊重对古典政法之道的探究。我们愿意怀抱对古典政法之道的崇敬，来沉思现代政法之理，展示与探究现代政法之理的过去与未来。

本译丛计划系统迻译、引介西方理性时代以降求索政法道理的经典作家、作品。考虑到目前已有不少经典作家之著述迻译为中文，我们在选题方面以解读类著作为主，辅以部分尚未译为中文的经典文本。如此设计的用意在于，我们希望借此倡导一种系统、细致解读经典政法思想之风气，反对仅停留在只言片语引用的层面，以期在当下政治法律论辩中，为健康之政法思想奠定良好基础。

译丛不受过于专门的政法学问所缚，无论历史、文学与哲学，抑或经济、地理及至其他，只要能为思考现代政法之道理提供启示的、能为思考现代人与现代社会命运有所启发的，皆可纳入选目。

本译丛诚挚邀请一切有志青年同我们一道沉思与实践。

欧诺弥亚译丛编委会
二零一八年元月

献给理查德

目　录

致谢 / i
引用的简称与鲍林版边沁集指南 / i

导言 / 1
第一章　法律的功利法典：日常立法或非常立法？/ 11
第二章　立法者的社会心理学 / 34
第三章　反法律的意识形态 / 68
第四章　主权与法律 / 89
第五章　主权国家 / 120
第六章　负责的公共服务 / 143
结论 / 183

索引 / 186

致　谢

从我的本科生涯以来,施克莱(Judith Shklar)给予了我极为宝贵的指导、鼓励和建议,我最感激她了。曼斯维尔德(Harvey C. Mansfield)和沃尔泽(Micheal Walzer)都对本书之前的底稿给出了有益的评注,对此我深表谢意。我还特别要谢谢两位朋友:舒克(Stephen Schuker)耐心地教我并敦促我注意写作技巧;雅各布森(Arthur Jacobson)经常听取我对边沁的分析并慷慨地分享他自己的看法。哈佛大学出版社的唐纳德(Aida Dipace Donald)的协助和好意使得出版过程极为顺利。

我想要感谢全国人文学科基金 1974 年夏天的资助。第二章早些的一个版本发表为《边沁的立法者的社会心理学》(Bentham's Social Psychology for Legislators), *Political Theory*, Vol. 1, No. 2 (May, 1973),页 171—185。塞奇出版社允许我在这里使用其中的一部分。"鲍林版指南"由大卫·莱昂斯(David Lyons)编制并呈现在他的《为了被统治者的利益》(Oxford University Press, 1973)一书中,经牛津大学出版社许可在这里重印。

引用的简称与鲍林版边沁集指南

对边沁作品的引用,出处都放在正文中。只要有可能,我都引用约翰·鲍林主编的 11 卷《边沁作品集》(New York:Russell & Russell,1962。这是 1838—1843 年鲍林版的再版)。《作品集》是边沁作品最通行的文本资源。为了保持一致,也为了方便读者,对于《道德与立法原理导论》,我们也引用鲍林的《作品集》。这个版本已经由伯恩斯(J. H. Burns)和哈特(H. L. A. Hart)进行了修订(London:Athlone Press,1970)。已经有许多人指出了鲍林版的不可信,而且,一个完整的学术版《边沁作品选》正在主编伯恩斯的主持下在阿斯隆出版社进行。但是就目前而言,鲍林版依然是边沁全套作品的一个主要来源,而且这个版本也没有不准确到使我们无法理解边沁的思想。对鲍林版的引用由卷数和页码构成。

边沁的下述作品在表明出处时都进行了缩写:

Correspondence *The Correspondence of Jeremy Bentham*, vol. I (1752–1776) and vol. II (1770—1780), ed. T. L. S. Sprigge(London:Athlone Press,1968), and vol. III(1781—1788), ed. Ian Christie(London:Athlone Press,1971)

Stark	*Jeremy Bentham's Economic Writings*, ed. W. Stark, 3 vols. (London: Allen & Unwin, 1952—1954)
OLG	*Of Laws in General*, ed. H. L. A. Hart (London: Athlone Press, 1970)
TL	*The Theory of Legislation*, ed. C. K. Ogden (New York: Harcourt, Brace, 1931)

鲍林版指南

鲍林版指南由大卫·莱昂斯编制并呈现在他的《为了被统治者的利益》一书中,经牛津大学出版社许可在这里重印。

鲍林版指南。其他地方似乎没有这样一份指南,即使鲍林版本身也没有。它注明了边沁生前的大部分出版物(出版时间是该作品首次出版的时间,基于现在最可靠的资料而得知)。

Volume I

General Preface, by W. W., v—XV.

List of Errata, 1—2.

Introduction to the Study of the Works of Jeremy Bentham, by John Hill Burton, 3—83.

An Introduction to the Principles of Morals and Legislation, 1789, i—xiii, 1—154. (Text from 1823 edn., with insertions from Dumont's *Traites*; see sect. I. B, below.)

Essay on the Promulgation of Laws, 155—168. (Based on MSS. and printed works.)

Essay on the Influence of Time and Place in Matters of Legislation, 169—194. (Based on MSS.)

A Table of the Springs of Action, 1817, 195—219.

A Fragment on Government 1776, 221—295. (Text from 1823 edn., with added Historical Preface.)

Principles of the Civil Cocle, 297—364. (Based on Dumont's *Traites* and MSS., with Appendix, Of the Levelling System.)

Principles of Penal Law, 365—580. (Based on Dumont's *Traites* and *Theorie* and MSS., here with Appendix, On Death-Punishment, published 1831.)

Volume II

Principles of Judicial Procedure, 1—188. (Based on MSS.)

The Rationale of Reward, 1825, 189—266. (Based on Dumont's *Theorie*, here with added Appendix.)

Leading Principles of a Constitutional Code, 1823, 267—274.

On the Liberty of the Press, and Public Instruction, 1821, 275—297.

An Essay on Political Tactics, 299—373. (Based on Dumont's *Tactique* and MSS., fragment published 1791.)

The Book of Fallacies, 1824, 375—487.

Anarchical Fallacies, 489—534, (Originally in Dumont's *Tactique*.)

Principles of International Law, 535—560. (Based on MSS., here with Appendix, Junctiana Proposal.)

A Protest Against Law-Taxes, 1795, 573—583.

Supply without Burden, 1795, 585—598.

Tax with Monopoly, 599—600.

Volume III

Defense of Usury, 1787, 1—29.

A Manual of Political Economy, 31—84. (Based on Dumont's *Theorie* and MSS.)

Observations on the Restrictive and Prohibitory Commercial System, 1821,85—103.

A Plan...[Circulating Annuities,&c.],105—153,(Based on MSS.)

A General View of a Complete Code of Laws,155—210. (Based on MSS. and various printed works.)

Pannomial Fragments,211—230. (Based on MSS.)

Nomography,231—295. (Based on MSS., here with Appendix, Logical Arrangements.)

Equity Dispatch Courrt Proposal,1830,297—317.

Equity Dispatch Court Bill,319—431. (Based on MSS.)

Plan of Parliamentary Reform,1818,433—557.

Radical Reform Bill,1819,558—597.

Radicalism not Dangerous,599—622. (Based on MSS.)

Volume IV

A View of the Hard-Labour Bill,1778,3—35.

Panopticon; or the Inspection-House,1791,37—172. (Published with Postscripts published 1791 and Note.)

Panopticon *versus* New South Wales,1802,173—248.

A Plea for the Constitution,1803,249—284.

Draught of a Code for the Organization of Judicial Establishment in France,1790,285—304.

Bentham's Draught... compared with that of the National Assembly, 1790,305—406.

Emancipate Your Colonies!,1830,407—418.

Jeremy Bentham to his Fellow-Citizens of France,1830,419—450.

Papers Relative to Codification and Public Instruction,1817,451—533.

Codification Proposal,1822,535—594.

Volume V

Scotch Reform,1808,1—53 + Tables.

Summary View of the Plan of a Judicatory,1808,55—60.

The Elements of the Art of Packing,1821,61—186.

'Swear Not At All',1817,187—229.

Truth *versus* Ashurst,1823,231—237.

The King *agarnst* Edmonds,1820,239—251.

The King *against* Sir Charles Wolseley,1820,253—261.

Official Aptitude Maximized Expense Minimized 1830,263—386.

A Commentary on Mr. Humphrey's Real Property Code,1826,387—416.

Outline of a Plan of a General Register of Real Property,1832,417—435.

Justice and Codification Petitions,1829,437—548.

Lord Brougham Displayed,549—612.(Parts published 1831—1832.)

Volume VI

Introductory View of the Rationale of Eviden ce,printed 1812,1—187.

Rationale of Judicial Evidence, 1827, 189—585, (Text continued in Vol,VII.)

Volume VII

Rationale of Judicial Evidence(continued),1—600.

General Index to Vols. VI—VII,601—644.

Volume VIII

Chrestomathia,1816—1817,1—191.

Fragment on Ontology,192—211.(Based on MSS.)

Essay on Logic,213—293,(Based on MSS.)

Essay on Language,294—338.(Based on MSS.)

Fragments on Universal Grammar,339—357.(Based on MSS.)

Tracts on Poor Laws and Pauper Management, 1797, 358—439.

Observations on the Poor Bill, 1797, 440—461.

Three Tracts Relative to Spanish and Portuguese Affairs, 1821, 463—486.

Letters to Count Toreno, on the Proposed Penal Code, 1822, 487—554.

Securities Against Misrule, Adapted to a Mahommedan State, 555—600. (Based on MSS.)

Volume IX

Constitutional Code v—x, 1—662. (Parts published 1830—1831.)

Volume X

Memoirs and Correspondence, 1—606. (Continued in Vol, XI.)

Volume XI

Index to Memoirs and Correspondence, i—iv.

Memoirs and Correspondence(continued), 1—170.

Analytical Index to the Works, i—cccxci.

导　言

　　[1]现代国家再次遭受攻击。确实,现代国家经过一番搏斗才得以产生。从一开始,宣扬国家理念就比较费劲,因为理论家们必须使人们抛弃其他一些理解政治世界的方式。国家必须面对并克服强大的普遍主义愿景。起初是教会的主张,后来则是启蒙普遍主义的主张以及它的主要后裔社会主义。国家还遭遇到来自地方主义的挑战。它必须战胜或调和团体地方主义,以及某些更强劲的民族地方主义和文化地方主义,他们视其他所有人和所有制度为异种或野蛮。当下,面对来自各种各样的普遍主义和地方主义的挑战,国家的存亡在某些人看来已经成为一个相当急迫的问题。并不是说,国家的存在正面临即刻的危险。人们实际上依然重视国家的地位。但是,人们已经不再用16世纪以来思考国家时抱持的那种乐观主义来打量老牌国家的行为和其他一些国家的政治发展。早期著作家和国家创建者的乐观主义仅仅部分源于他们对地方自治政府必要性的认知,因为人们现在其实越发承认这点。本世纪人们丧失国籍的种种经历已经告诉我们,所有人的生命和福祉实际上都依赖于拥有某个国家的公民身份。此种对国家实际价值的肯认与早期对国家理念的颂扬之间的反差在于:传统上,人们

并不在逻辑上区分国家作为一系列功利性制度与国家作为一个理想。正如一位作者所言，国家根本就不是一个事实，而是一个神话；它并非政治思想的一个对象，而是政治思想的一种形式。① 国家理念具有两个重要面向，[2]两者共同确定了国家的特征，说明了人们为什么热情地接受国家。

首先，国家与某个单一合理性（rationality）概念不可分割，这个合理性高于不断变化且相互冲突的个体和团体利益。信仰这种更高的合理性，才会效忠和服从承载此合理性的制度，起初是君主人格，随后是统一法体系。国家的独特性（particularity）是其第二个特质。独特性意味着承认存在众多国家。即使交战国也会承认，从其福祉和保存的紧迫要求来看，敌国的行为是合理的。据此，只有相互之间的约定或比之更高的权力能限制国家之间的行为，因为并不存在管制国家间关系的更高合理性。至少，国家之上无处上诉。这样来描述国家的特征带来了国内事务与国际事务的区别，这项区别依然主导着大众政治思想和学术政治思想。这项区分的盛行表明，人们还没有发现另一种政治思想形式来代替国家。但是，下述看法再好不过地表明了人们不再相信国家这个理念，即：国内事务与国际事务的区分（以及由此而来的罪犯与敌人的区分）在实践中已经没有意义了，甚至可以说这是一种错误的理解。

我本人在政治偏好上是现代国家的热忱支持者。如果这种热情并不反对有关政治世界的其他观点或对其丧失信心，那么国家肯定会继续有权要求我们忠诚于它，涉足国家理论和国家建设的人如何看待国家的前景就依然很重要。在这些思想家中，边沁有助于我们现在来重新思考这个前景。当团体的特权和宗教对绝对

---

① Ernst Cassirer,《国家的神话》(*The Myth of the State*, New Hacen, 1946)。

主义的抵抗结束后,当国家的个人主义基础牢固之后,边沁开始为国家辩护。对于作为法律实体的国家、国家的伦理基础以及支撑国家所需的制度,他都提供了清晰的洞见。

本书将边沁刻画为一位现代国家理论家。他处理了国家理论的所有重要主题:主权、法律作为权力的实施方式、外交、国家间关系,还有宽容问题。他认为这些问题都是典型的现代问题。也许有些思想家比边沁更关注现代性的独特之处,但是没有人像他那样执迷于现代化,或者说政治发展。没有人像他这样劝说人们改信现代国家。边沁作品的这种劝说很重要。[3]对他来说,现代国家并不是一个可进行批评性分析的现实,而是一个志向。现代化是一个理想。虽然边沁关注国家建设的技术以及如何克服现代化遭遇到的抵抗,但他的思想并不完全是工具性的。他认为,现代国家的特征没有得到充分的理解,也没有得到充分的辩护。他常常为那些他觉得国家必需的制度的可行性辩解,但是仅仅考察他推荐的制度改革,并不能全面理解边沁的国家理念。因为,他还努力说明,哪些观念使得这些制度得以可能或者使得人们能想象得到这些制度。这里,衡量边沁政治思想的尺度是他的国家观而非他相关改革措施的影响,他的重要性在于他努力借助国家这个概念来使人们接受政治。

有一点很清楚,边沁对政治秩序的多样性和脆弱性很敏感。国家的更高合理性并没有解决多样性问题。功利原则的核心主张就是:在不断变化和相互冲突的个体与团体利益之上可能建立秩序。与其他现代国家理论家一样,边沁假定,多样性无法避免,并赋予其积极价值。他同样察知政治秩序的脆弱性。他承认,即使人们怀着良好意图并依照功利原则行为,也可能无法建立秩序或将秩序维持下去。功利并不保证带来一致意见(agreement)。边沁提议接受多样性和脆弱性,但是这确实在情感和美学层面上会无法令人满意。

浪漫主义对功利国家的合理性的反击完全可以理解。浪漫主义持续不断进行攻击是因为，人们一直渴望获得国家没能实现的稳定和一些共同价值。边沁的国家理论仅仅提供了思想上的满足。它说明了现代政治为什么无法避免多样性和脆弱性。它促进了对多样性的宽容，促进了洞察力为脆弱性带去的慰藉。

我阅读边沁作品时关心的许多问题不同于其他那些边沁政治思想解读关心的问题。例如，本书的重点并不是边沁改革议案的起源和历史重要性，就像哈维的杰出研究《政治激进主义的兴起》那样。① 哈维的作品是一部绝佳的思想史。他聚焦边沁的青年时代，探究边沁与其他启蒙知识分子的结盟。但是，[4]最能代表启蒙运动的那些理念本身无法阐明边沁的国家理论。如果不去关注"国家理性"思想家关注的那些问题，不运用他们提出的(至少)某些理念，就无法研究国家。严格来说，国家理性(被它的主要史学家称为"马基雅维利主义"②)这个政治学说主要与文艺复兴到君主绝对主义强盛的这个时段有关。更宽泛地说，它是一个经久不衰的政治看法，即：将国家视为理想并接受这个理想所造就的规则。就此而言，这是边沁认同甚至鼓励的看法。

启蒙运动的典型特征是相信向一个文化理想(个体的理性自我发展)进步，相信进步将带来普遍且永久的和平。这些启蒙运动思想家并没有公然宣称无政府主义的愿景，尽管他们认为一切秩序和联合的主要功能是教育性的。他们将权力和强制视为无法避免的非理性。他们有些人认为，权力和强制阻碍了思想文化，而其他人

---

① Elie Halévy,《哲学激进主义的兴起》(*The Growth of Philosophic Radicalism*, Boston, 1966)。

② David Lyons,《为了被统治者的利益：有关边沁功利和法律的政治哲学的研究》(*In the Interest of the Governed: A Study in Bentham's Political Philosophy of Utility and Law*, Oxford, 1973)。

都认为,权力和强制最多也就是思想进步的条件。虽然启蒙思想家接受国家这个事实,但是他们并不满足于国家,他们忠于世界主义,而且期望国家被一个世界国家和世界联邦取代。

与此不同,国家理性的主要特征是将地方性国家(parochial state)视为典范,并研究这样做的结果。国家理性无法与公共合理性(有时被称为功利)这个理念分离,它证明了废除道德法和实定法为权力施加的限制的合理性。国家理性学说原则上赞同偏离起初由普世教会后来由启蒙运动倡导的做法。国家理性学说还反对启蒙运动笔下的那种仁慈的统治者或导师型统治者。相反,它将普遍利己主义作为统治的基础,将统治的个人权力欲作为统治者操办公共事务的推动力。

虽然这两个政治思想传统在这方面相互对立,但它们并不单独出现。它们无法在逻辑上单独出现,因为它们相互需要。国家理性并不仅仅在于审慎,并不仅仅要求在实践中搁置法律或道德规范。这个学说提出了一个新的基础来证明,反对其他标准——启蒙运动在相当长的一段时间内规定的标准——的做法是合理的。与此相同,启蒙思想家的志向是反驳(至少)国家理性的下述预设:[5]所有人的利己主义必然会蜕变为任性(caprice),因此权力是必要的。除此之外,还有心理原因使得这两个传统很少孤立出现。无论他们多么致力于抽象原则的改造力,几乎没有哪位思想家能够完全抵御权力的快感,他们几乎都想要洞穿神秘权力(arcana imperii)的秘密,或者是由自己来设计外交手段。简言之,很少有思想家会完全拒绝政治"局内人"这项令人自豪的头衔,而这正是国家理性的一个标志。对于统治者和知识分子的特殊关系,也许只有卢梭比边沁更敏感。就放弃政治抱负及放弃政治关系而言,可能也只有卢梭的做法比边沁更令人想不通。

因此,边沁持有许多与国家理性有关的概念。他坚持认为,现代政治实践的标志是绝对主义。他知道,国家以个人主义为伦理基础,就为绝对主义提供了更加强有力的证成以及前所未有的广阔运作范围。没有其他宪政主义者比边沁更为看重绝对权力的必要性和证成,或比他更关心如何组织和运用绝对权力。更为重要的是,边沁鼓吹更高的合理性这么一个概念,他称之为功利。功利的命令——通过"观察和计算"得来——表现为紧迫要求而非自由选择。功利应当支配统治者的行为,即使它必然与传统的道德要求抵触,与实定法权利抵触,与私人不受限制的倾向抵触。

边沁同样意识到这些理念带来的后果。他指出,任何善都伴随着恶,他建议统治者选择较小的恶,正如他的"最大多数人的最大幸福"这句话所表明的。本着同样的精神,边沁承认政治人的黑暗欲望以及统治者遵守功利的难度。他有关官员奖惩的有趣作品表明,边沁并不指望靠仁慈或统治者与被统治者之间的利益一致来约束少数统治者。

这并不是说,边沁是鼓吹国家理性的代表性人物。他关心已经建立的国家如何能够在一个欧洲国家体系中保持正常的、明智的关系。这些情况就足以说明,边沁为何具有其他更早的国家理论家不具有的温和。[6]边沁也没有为历史主义和国家的人格化做出任何贡献,而这些是国家理性后期历史的标志。提及国家理性学说并不是为了冲击将边沁视为启蒙人物的看法,而是为了通过比较,抵消那些启蒙研究通常对教育及民主制度的强调。不可否认,边沁接受了欧洲大陆理性主义和个人主义的那些形式。他相信进步,相信思想的改造力量,而且对它们遭到抵抗感到愤慨。重要的是,在边沁脑中,进步几乎只与国家的强大和国家制度的现代化相关。边沁一直坚信,功利的制度化体现在国家这个法律体中而非社会中。由于边沁并不完全像他的同代人那般专注教育,所以他并不将国家仅仅视为有助于文化发展的东西。边沁并不喜欢那些实际运用权力的人,但是他从没有将思想文化与权力分开,或是将权力视为不可避免的非理性。边沁指出,政治能够在具有合理性的同时,与教育或社会工程区分开来。

边沁接着处理那个时代其他著作家认为将被进步超越的政治问题,或他们无奈放任的政治问题。他一生都关注官员的组织和奖惩,即为一例。他有关国家间关系的作品则是另一个例子。不去看这些作品的名称,不去考虑这些作品对普遍和平的向往,《反马基雅维利的信》与《国际法的原则》确实承认国家理性考虑的一些因素。甚至连国家的共同利益和国际法都不要求博爱,不要求排除国家最佳利益的算计,不要求禁止战争。边沁采纳了启蒙运动的主要建议(公开性)——在国际关系问题上亦是如此——但是这并不意味着他反对国家理性的主要洞见。他认为,公共必要性必须是真正公共的。不能希望公众的无知可以确保稳定或者为了使公众良知免遭谴责,就只要求统治者能够深入了解国家的紧迫要求。边沁强迫一切人都去面对,将国家视为一个规范秩序所带来的痛苦结果。

这个研究边沁的进路也不同于道德哲学家(他们几乎垄断了边沁研究)通常追寻的那些问题。[7]这些伦理学解读常常模糊或贬低了功利原则的意义。他们总是将读者带离边沁为他的功利原则设定的目的。实际上,他的书基本不讨论私人道德问题。《宪法典》关注的不是私人道德,《道德与立法原理导论》亦是如此。在他眼中,私人道德总是隶属于公共功利这个更大的问题。如边沁所说,功利的私人维护和公共维护不同,而它们是否会发生冲突并不是我们要处理的问题。① 关键在于,启发边沁思考的不是如何发

---

① 莱昂斯对功利概念做出了一个哲学上精确的解释。他认为,功利是一个双重标准。功利在公共道德和私人道德方面的要求有所不同,虽然并不一定相互冲突。这个双重标准源自指引人们"为了被统治者的利益"而行动的一项根本原则。

现一个人类关系的标准这个抽象问题，而是权威的紧迫要求。对政治不稳定以及政治重建的可能性的敏感驱使他（从智者到现代国家思想家皆如此）探究道德和公共必然性之间的关系。边沁为统治者提出功利原则恰恰是因为传统道德规范（仁慈，甚至包括审慎）不足以为参与公共事务的人提供指引。

边沁的一个主要主张是将功利作为立法的依据。在他这里，公共功利的制度呈现是统一法体系，法无疑才是边沁主要关心的问题。法理学、典型案例和立法项目构成了他作品的主要部分。他对法的突出兴趣显现于他作品的标题、他的论证、他对自己工作的解释中。边沁记录说，他之所以出名是因为他对立法的研究超越了之前所有研究。在他之前，法律领域是"人迹未至的荒野"；他自称"天才"指的就是这方面。边沁说，国家是一个法律体，因为公共功利呈现在一个统一法体系中。

最后，本书并不打算像有些研究（这些研究并不总是真诚的）那样，试图确立边沁在激进—自由—保守光谱中的位置。有关他对民主的支持程度，人们依然争辩不休。但是，人们都赞同，边沁越来越反对某些制度，例如君主制，并推荐其他一些制度，例如议会改革。总的来说，这些政治偏好足以使得他被冠以"激进"之名。边沁本人将"激进"理解为一种纯粹的党派政治划分。如果要研究边沁的改革事业，边沁著作的年表就很重要，以哈维的研究为起点，历史学家继续探究导致边沁涉足并支持激进项目的原因。[8]某些历史学家强调他与约翰·密尔、他与法国大革命、他与西班牙人和西班牙美洲人抵抗拿破仑之间的关系。其他历史学家强调动机并主张，边沁在政治上的反复无常是他自利心理下对政治事件做出的反应，通过各种算计试图确保他的法典被高层知道。这个观点心怀敌意，不仅因为它是错的，而且因为它仅仅将边沁刻画为项目开发者（*faiseur de projets*）来贬低边沁为改革做出的努力。

它否定了边沁的那些高贵的缺陷。那些为了自己的乌托邦秩序而践行国家理性的政治人都具有的缺陷。当然,边沁的政治学可以被体谅地理解为一位知识分子在某个下述这样一个时期的忠诚问题,即旧政权的重生让人绝望,而新政权的建设还仅仅停留为愿望。要点在于,边沁的政治心意的变化不能被视为一种理论上的变化。

边沁有关国家、国家的伦理基础,以及国家运行必需的主要制度的看法,在其较长的学术生涯中罕见地一直保持不变。如果要研究他的国家理论,年表并不能提供一个能够发挥组织作用的原则,而本书也不按照时间顺序来处理边沁的作品。有一件事可以明确,"激进"这个党派名头对于研究边沁的大多数作品来说毫无价值,包括他的大部分政治思想。边沁明确反对当时那些他称之为"审美主义"或"禁欲主义"的观点。这些观点(而非[例如]有关君主利弊的分歧)使得功利立法无法实现。

如果说某个意识形态立场有助于理解边沁的作品,那可以说他是一位自觉的现代派。与那些与他一样看重进步的同代人相比,他更加反对政治哲学古典传统的一切。他不仅背离了古典形而上学,而且在所有主题和风格上背离了古典主义。他抛弃了亚里士多德的政体分类(包括混合政体)以及支配每个政体的特殊要求。他抛弃了最佳政体这个概念。与之相反,他聚焦作为所有现代政治秩序伦理基础的个人主义以及与之相伴而来的单一合理性。边沁指出,如果没有一种完全不同于古典的对政治和知识的理解,就不可能有公共功利以及体现公共功利的立法。第一章的主题就是边沁有关何为现代立法的观点。

第一章　法律的功利法典：
日常立法或非常立法？

> [9]假如我们可以设想有一个新的民族,有年轻的一代人,在他们身上,立法者找不到与自己意见相反的既有预期,那么立法者就可以随心所欲地塑造他们。(TL,页149)

边沁主要将功利原则作为一项立法原理来加以阐述。使得这项工作富有生机与意义的是他改革英国普通法的努力,而边沁强劲有力的雄辩始终指向布莱克斯通与法律职业。功利立法还有一个来自于古典政治思想的对手,而边沁对这个传统的攻击同样不遗余力。实际上,他的反古典主义与他对英国法律体系的反对有时汇通合一,因为他在古典主义与贵族政治之间发现了某种相通之处。他是任何政体(包括混合政府)下的贵族统治的反对者。他用功利原则所规定的单一合理性概念来取代了政体。但是,边沁与古典政治思想的主要争论并不在于阶层统治,而在于法律。如果功利要想成为立法的依据,那么立法本身必须得稳固。也就是说,立法必须被当作是运用权力与控制社会的典型方式,立法活动必须被当作一个持续运作的程序,回应需加以调控的多样且多变的欲望。简而言之,立法必须被确立为一项日常活动,而不是非常活动。从这个立场来看，边沁的反古典主义在攻击贵族统治之外仍然具有重要意义。他的反古典主义是在辩护一种对于立法的理解，这种理解显然与将法律理解为习俗[10]或理解为进行教育与品格塑造手段这两种古典观点相对立。尤为重要的是，日常立法与伟大立法者（这位立法者最鲜明地反映了立法活动是一项极不寻常的奇妙事件）的古典传统之间的反差。

边沁并不是为立法的日常性辩护的第一人。他之前的政治思想家就已经将现代国家描述为一个法律实体，将法律描述为运用权力的标准方式。例如，霍布斯就曾下笔批判普通法传统，并坚持成文法的不变性对于秩序来说十分必要。当然，立法不仅仅将统治者从已有的道德法与实定法限制中解放出来。边沁明白这一点。功利原则能将公共幸福与公共福祉从浮华的言辞落实为具体的工作。不管怎样，证明立法的正当性这项任务还没有完成，因为这项任务在18世纪遭遇到了新的挑战。法典与宪法制定活动的复兴又再次将古典的立法者形象推到舞台中央。法典编纂者以古代立法者自居，而所有诉诸古典形象的做法都在挑战立法是一项日常行为这一主张。与此同时，对立法的教育作用的关注使得以下观点获得了新的力量：法律，不仅就其起源而言，而且就其目的而言，都是反政治的。边沁对古典主义的这种复兴特别敏感，因为他也将自己视为他那个时代的立法者。对他来说，想要使人们明白他的立法理论，将立法与古代的立法区分开来尤为重要。就个人而言，这一点对于边沁将自己及自己的作品与那些古代模式区分开来也很重要。本章的主题就是边沁努力界定立法的地位。

在边沁那个世纪，伴随在他左右的知识界同仁是人文主义者。与他特别推崇的前一代两位哲学家休谟与伏尔泰所做出的思考相比，边沁的思考显得尤为狭隘。他对（比如说）历史、美学不闻不问。《道德与立法原理导论》的书名误导性地暗示,他给予私人道德与立法同等的关注。边沁那些作品的文风都同样较为局限。边沁的条理与语言都颇为古怪。他作品的腔调是逻辑与讽刺的奇妙混合物。重要的是,这些风格要素在他所有的作品中都几乎保持不变。在法典著作与抨击性政治文章中,他的谈吐都一样,而且他刻意如此。他对主题与风格的特别限定[11]表明,他坚决排斥任何古典之物。边沁复述着科学家常挂在嘴边的自吹自擂"我们的时代是最古老的时代"①,而且他更进一步,完全抛弃了智识的古典标准(18世纪的其他知识分子并没有走到这一步)。②

古典思想构想了知识与政治的二元论。当边沁抱怨人们总是认为理论与实践之间存在着某种对立时,他指的就是这种独特的二元论。这个对立是古典思想留下来的一个共同遗产,边沁对此深感痛惜,而且,这个对立恣意牵引着他的生活与工作。在他激烈反驳理论与实践的任何对立时,他的反古典主义显现得最为频繁。他把在法的领域中调和知识与政治视为自己的使命。但是,边沁的主要兴趣并不在于理论与实践的关系所带来的认识论问题。他并没有探索观念的起源、某些观念的特殊地位以及它们在这个世界所产生的作用。他仅仅试图界定立法,而且理论与实践的对立在他那里呈现为一种特殊的形式。每当边沁问自己(他确实不断这样问自己):"怎样才能在立法中发挥最大的作用?"他都面对着这个张力。

---

① Gilbert Highrt,《古典传统》(*The Classical Tradition*, Oxford University Press, 1949),页267和注释7。
② 茱迪·史珂拉在下书中讨论了这个标准:《人与公民:卢梭社会理论研究》(*Men and Citizens: A Study of Rousseau's Social Theory*, Cambridge, 1969),页224—225。

如果立法是良好品格之人通过一些制度而实施的政治工作，那么知识在法的领域中发挥作用方式就相当于制度批评者及政治顾问对政治家产生作用的方式。边沁对改革方案的明确热情、贯穿他作品的特殊修辞风格（包括不断出现的对腐败的指控）以及他自己的那些强硬陈词，都证明了政治对他具有吸引力。他曾写道，"我所渴求的唯一一件事"就是在日常"议会事务"中发挥作用（X，页233）。如果将他提出的法案是否成功作为衡量他功绩的尺度，边沁一生中得到的仅仅是沮丧与失败，而他对后来的改革者与改革所产生的影响也是一个可以争辩的问题。但是，"通过政治"仅仅是"如何发挥作用"这个问题的一个答案。边沁常常在他的庇护者谢尔本勋爵（Lord Shelburne）面前，将自己描绘为一个"杂种哲学家"，在谢尔比的议会活动中，他对政客不起到任何作用，将来也不会起任何作用（X，页245；I，页252）。边沁全身心地思考某部法律的性质并设计完备的法典来阐明他的洞见。在这些时候，边沁的启发来自古典立法者。这些立法者的法律是他们独自智慧的产物。他甚至将自己比作门托尔（Mentor），认为自己拥有立法的"天赋"。边沁的这个"天赋"之说很能说明问题。它说明，立法者应当是自我选择的，而且这使得立法者的作品更接近审美而非政治。[12]的确，就他将法视为立法者的设计物而言，边沁似乎认为，他的法典被专制暴君采纳还是被民主政权采纳并不重要。他知道，除了政治立法，立法者是法的另一种来源。因此，对边沁来说，"谁应当来立法"并不仅仅是一个政治偏好问题。这个问题远不只是最佳政体的问题。"谁应当来立法"带来的问题是：选择立法者还是政治家，选择知识还是政治，作为法的来源。

没有人比边沁对这种思想张力以及这种张力对他的抱负和政治思想的影响更为敏感。"我有两个脑袋"，边沁指出自己的分裂①,"一个脑袋总是在打量和考察另一个脑袋。"②不出意外,边沁饱受严重的自我质疑之苦。他工作时,那种对"人性弱点"的认识折磨着他,他的出版物证实了这点(I,页 iv)。至少有一次,他公开记录了他反感自己的这些努力。他一次又一次地叹息自己在这个或那个项目中做的工作并不够完善(I,页 i)。同样不出意外的是,若要求谈谈边沁"在哲学史上的相对地位"或(就这方面而言)他在经济学上的地位,边沁最公正的读者也会犹豫不决。③ 边沁思想史上唯一享有持久显著地位的作品是《道德与立法原理导论》;其所有作品作为一个整体并不享有牢固的思想地位,这是有充分理由的。④ 作为理论与实践的古典张力的继承人,边沁的读者很清楚,适用于哲学作品的标准不同于适用于政治项目的标准。在许多情况下,他们并不清楚边沁的写作目的,这其实情有可原。边沁的法典设置了明显的解释障碍。边沁是否打算让这些法典被某些外国政府采纳,他是否主要是想让这些法典成为实际法律的

---

① Shirley Letwin,《追求确定性》(*The Pursuit of Certainty*, Cambridge, 1965),页 183,运用了"分裂性"这个表述。对她来说,边沁的张力在于:他在(对人类事物之无常的"病态"敏感所激发的)一种积极的仁慈状态与隐士和梦想家的立场(其抱负是为整个世界实现一种伟大的永恒的法律综合)之间摇摆。与 Letwin 不同,Mary P. Mack 在《杰里米·边沁:观念的艰辛旅程》(*Jeremy Bentham: An Odyssey of Ideas, 1748—1792*, New York, 1963)一书中讨论了边沁有关语言和逻辑的晦涩著作与他的流行著作之间的差异。对于哈列维来说,这种双重性体现了政治偏好。他在《哲学激进主义的兴起》中指出,边沁的职业生涯从欣赏仁慈专制到某种民主主张的转变。哈列维还在此书的第 127 页提出了下述颇具影响力的观点,即:边沁对利益确认这个问题的解决在经济和司法方面有所不同。
② 引自 Graham Wallace,《杰里米·边沁》"Jeremy Bentham," *Political Science Quarterly*, 38(March 1923),页 47。
③ Lyons,《为了被统治者的利益:有关边沁功利和法律的政治哲学的研究》,前揭,页 4。例如,斯塔克谦虚地仅仅提供了一些可以用来重新评价边沁在经济思想史中的地位的材料,Stark, I, 页 11。
④ 莱昂斯说明了这种看法的摇摆不定,《为了被统治者的利益:有关边沁功利和法律的政治哲学的研究》,前揭,页 1—3。

批判，这都不清楚。他是否认为这些法典具有某些哲学内容？这也不是很清楚。简言之，我们不是很清楚，边沁如何希望他的法典"有用"。

有一点是明确的。当他攻击"理论上很好，用起来很糟"这个说法时，边沁并不仅仅在抗议那些抵制改革——这种抵制使得他的规划被拒绝——的做法。这项攻击是一项更大努力的一个组成部分，即在法律领域调和理论和实践。这项努力主导了他的作品。这项努力带来了他贴切称为的"立法理论"的东西。它使得我们能够更好的理解他的法典。这些法典（与他的所有作品一样）是科学话语（逻辑）与[13]讽刺话语（古怪的政治语言）的恰当混合。边沁区分了"可行的"（practicable）和"当下可实行的"（now practicable）；他坚持认为，他的法典是可行的，虽然法典被采用并不是衡量其有用性的唯一标准。如果人们没有效仿这些法典，那么这些法典可被视为失败的作品，但是它们不仅展示了具体的措施，而且还展示了不同法律之间的逻辑关系。这些法典就是要展示法律安全（legal security）在何种程度上依赖于这些逻辑关系，以及现实法律距离使人们获得法律安全还差多少。因此，这些法典作为立法形式的样本是重要的（V，页275）。它们还证明，一种立法理论是可以实现的。边沁写道："在16世纪的乌托邦中，效果在没有任何正当原因的情况下显现自己，在此19世纪，正当原因被展示出来，静候效果。"（V，页278）边沁坚信，知识和政治可以调和。特别是，他认为他能够为立法者和政治立法者在现代国家中指明一个位置。为了做到这点，他改变了对两者的古典理解，即使不比之前任何人更加明确，但却肯定比之前任何人都要果断。

立法是一项非常行为这个理念，常常被具化为一个伟大的立法者人物。尤其是当新国家刚刚建立，急需新法，或者是旧法无法再收获服从，冲突盛行之时，政治思想就会转向一个立法者形象。每一个这种形象的背后都是对稳定新秩序的渴求，以及坚信具有十足智慧的人能设计出法律，团结他们并确保他们的幸福。立法者通常紧紧依照梭伦和莱喀古士这两位古代立法者来塑造。在所有事例中，立法者无一例外地被呈现为一位具有独特德性、掌握特殊知识的人，他单独行事且可能是异邦人。

就个人而言，边沁发现立法者形象颇具吸引力，虽然他并不认为会出现立法者，但是他既希望又不希望成为这样的人物。借助这个形象，他显然是在反抗自己的生活处境。这个形象弥补了他从政治人那里轮番遭受到的忽视和毁谤，而且减轻了他与其他人对当时的政治制度可能无法维持法律秩序的担心。传统上，立法者并不仅仅表达了个人层面上的失望和政治层面上的绝望。即使根据边沁重新打造的古典形象，立法者也体现了一些积极的智慧。但是，首先从消极角度将立法者理解为[14]政治的替代，并没有背离立法者的这个理念。古典立法者总是来解决政治发展的难题或补救政治衰败；他表明政治秩序是脆弱的，而人们总是不甘接受这种脆弱。

古典立法者呈现出一幅引人入胜的形象，正是因为他单独行事而且是一位局外人。如果他真的是来自远方（就如，门托耳与他的岛），人们会认定他对于他们的事务完全中立，"没有利益、关系或依附"。① 他的法不仅公正，而且这些法的实施是非政治的。他的法被认为是为了改进服从法律的人的处境，而非一大堆命令。这些法的实效依赖于教育或正确的信念而非强制（I，页 467 和脚注）。立法者首先凭借自己的特殊理解力而高于所有其他人。他

---

① F. S. Fénélon，《忒勒马科斯的冒险》（*The Adventures of Telemachus*，Dublin，1769），页 202。

的超凡智慧来自于神或哲学思考。无论如何,他提供的远非最佳从业政治家的正确政见。① 立法者比统治者和那里的人民更明白,什么法适合他们以及这些法应当采用何种形式。他还知道,为了使这些法永久有效,人们必须做出哪些改变。一些审美用语常常被用来描述他们的作品(他"设计了"一部法典),而这种话语也是立法者的非政治性的一个标志。它表达出,他的法律塑造的秩序具有完美的比例。它永远是令人满意、完美无缺。由于立法者的法典是完美的,所以法典不可能再被改进,人们也不可能过得更幸福。

　　边沁常常将自己刻画为他那个时代的立法者。他是一位具备特殊德性的人——至少自我为中心在他身上表现为善意(X,页95、458;XI,页72)。他甚至有可能成为"自古以来最明智和实际上最善意的人",因为他战战栗栗地发现自己有立法的天赋。② 他多次打算为某些异国设计一部法典,并设想,就如过去的立法者那样,他赋予法律的内容将会被接受为神谕(IX,页585;X,页458)。即使说边沁有时认为自己是立法者,自己的设计产物是法律,他的立法者概念和古代概念之间依然存在重大的差异。在这个问题上,边沁是首位完全抛弃古人的政治思想家。

　　边沁并不是他那个时代唯一反对甚至完全无视古代思想的形而上学基础的人。但是,几乎只有他鄙弃了古代思想关心的问题。与他的许多同代人一样,他受到费奈隆(Fénélon)的《忒勒马科斯历险记》的深刻影响。但是与他们不同,他在书中看到的所有古典的东西都只激起了他的"鄙视"(X,页11)。[15]别人都受到门托

---

① 与之不同,黑格尔的观点是,古代立法者是"从业政治家",《历史哲学》(*The Philosophy of History*, New York, 1956),页251。
② 引自 Mack,《边沁》,前揭,页8。

尔这位国王的导师及模范人物的启发,边沁却对作为立法者的门托尔感兴趣(即使如此,他却认为,法律的目的是造就人的德性纯属多愁善感)。在那本书中,功利作为立法原则遭到了批评,但正是这点促使边沁开始了他的"职业生涯"(X,页10)。边沁将立法者形象为己所用。他运用立法者形象来为他的下述论证增加分量,即法律其实是由可辨识的人制定的,而不是被接受或被发现的东西。因此,他无视古典立法者的法律的宗教基础。与一个完美且持久的秩序这个古代理念相对,他坚持认为,立法必须不断被修正。在那些与立法者概念的核心相关的那些问题——立法者的知识和法律的目的——上,边沁都抛弃了古代的观点。

  边沁的立法者与古代模式之间的一个差异引人注目。他并不关心立法者的私人品格。(比如说)与卢梭不同,边沁从不渴望出现(或渴望成为)一位家父式或上帝式立法者。他知道,梭伦和莱喀古士全靠着人们的爱和尊敬,但他就是不看重现代立法者激发人们深层感受的能力(I,页467)。他扼要地指出,人格魅力是安全的"脆弱支撑"(II,页586)。更确切地说,立法者被翻转了,因为立法者扮演的是保卫者。立法者运用自己的知识来供养并提升人们,人们继而直接感受到他,分别被他触动,好似这些来自于父亲或上帝(细致地在他的规划中为每个人创造一个位置)那般。边沁认为,所有这些都无关紧要,因为法律并不个别地关心人。他写道,"政府的力量在于使得人们按照类别来行动的力量。"(III,页197)他的立法者仅仅发布一般性规则,这些规则适用于每个人,但普遍地适用于每个人,而且这些规则旨在于,在不改变人们动机的情况下(即不提升他们)指引人们的行为。简言之,立法者无需作为一位家长出现。边沁常常对将长官描绘为导师这个常见的政治意象持保留意见。他写道,普通教师和家长是长官的副手(I,页30)。

  人们在情感上需要有人对他们的事务做出最终判决。边沁理解这点。他将法官(将法律直接地以个体化方式带给人们)描绘为一个父亲式角色。但是,边沁感兴趣的并不是父亲角色带来忠诚和信任的纽带这个情感面向,[16]而是法官做出决定的模式所具有的特性。他称赞说,法院应当是一种家政法庭,任何人都可以在那里面对父亲式法官,法官将尽可能地协调分歧,如有必要要求做出惩罚(II,页47)。法官的决定应当不可撤销,就如古代立法者的宪制是定论,不受挑战,不可被修正或修改。最重要的是,边沁赋予法官裁决每个案件真相的完全自由裁量权,因为当目标是防止不公时,法官的裁决好过任何先例或具有约束力的程序规则。在边沁为高度法律化和制度化国家设想的框架中,他为法官留出了特殊的自由决定空间。当然,法官依然是制度性角色;立法者则是反制度性角色。尽管如此,边沁有关家政法庭的思考说明,他理解,从情感上和政治上看,必须存在某位拥有判断力和权力的人来"定夺一个案件"(OLG,页223)。当然,法官仅仅宣布法律裁决,决定某项伤害是否真的发生了,以及依照法律判断某人有罪还是无辜。他并不根据某种形而上学或心理学标准来决定某人是否具有做守卫者或劳动者的品格。但是,就两者都取决于知晓人们配得什么而言,法官的裁决类似于古代立法者。他的目标是,根据某种所谓的真实的外部标准,将人们放在恰当的位置上。边沁的法官和古代立法者都不需要知晓人们想要什么,因为两者都不需要去满足人们的需求。就此而言,法官和古代立法者不同于边沁眼中的政治立法者,后者的立法目的是确保预期,他的知识必须包括人们的需求和人们的处境。①

---

① 更准确的说,法官在边沁这里有点复杂。即使当法律以法典的形式出现在法官眼前,法官也必须解释法律,或者说(边沁承认这点)进行立法。当法官这样做的时候,他的角色就有点接近功利立法者。参见第四章。

传统上，立法者的个性所具有的力量对于他的立法任务十分关键，因为他既不解释也不证成他的法典。他的法律被认为是神谕，人们敬畏他而接受它的法律。边沁发现，当伟大立法者发布法律时，人民的理性顺从某个人的理性，此人的口谕就是规范(I，页467)。但是，边沁反对修辞型的法或警句型的法；为了指引人们的行为，法律必须包含诸多具体条款。法律是回应具体不幸遭遇的具体且及时的尺度(X，页552)。他反对任何从立法者那里获得力量的法律，无论这些法律有多好。法律应当仅仅从法律的理由中获得力量，而这些理由应当是立法者自己的理由。[17]直截了当来说，边沁将自己的立场区别于古代哲学家的立场，否认他的作品包含两种不同学说：一个是大众的学说，一个是隐秘的学说(I，页iii)。① 他一直都反对为了人们自己的福祉而欺骗人们(I，页268)。当然，法的依据这个问题是边沁思想的核心。他的功利原则正是立法的依据(I，页v)。功利要求去除通俗的和难懂的之间的区分。功利基于对常识的承认。

边沁解释说，当人们都认为法律必须改变时，法律的理由就尤为重要了(I，页102、162)。在现代国家，下述这点是匪夷所思的，即立法者如果创造了一个不变的秩序，他就使自己变得没用了。这是古代立法者的情况。古代立法者现身，与上帝交谈，发布神谕，然后离开，留下一个稳定的政体。立法者将立法表现为一项非常行为，将持久性视为理想。对立法者最重要的哲学讨论符合这个描述。在柏拉图的《法义》中，立法者为实现普遍幸福这个目的而进行"计算"，他的计算结果是，5040个公民永久保持

---

① 正如哈列维所言，这并不意味着，立法理论很容易理解，而只是说，这个理论基本可以理解，《哲学激进主义的兴起》，前揭，页77—78。边沁从没有质疑思想上的劳动或劳动的分工。因此，在他有关立法的解释中，那样一位立法者和许许多多的立法者们都有一席之地。

不变。① 柏拉图小心地区分立法者的法典与立法者在城邦建立后根据必要性增加的法律。② 简言之,《法义》描述了如何有意创造一个习俗社会,这个社会基于信条的一致,这个社会致力于防止发生任何变化。

边沁指出,多样性和变化是现代性和国家的特性。无论其他人如何叹息不已,这点都无法改变。没有什么传说神话能够使人们生活在"一个毕生相同的风气中"。③ 卢梭也像边沁一样,对政治脆弱性颇为敏感,对于卢梭来说,诉诸立法者的吸引力就在于,立法者意味着,对稳定的渴望可能得到满足。但是,边沁并不将稳定和划一(uniformity)作为理想来批判现代世界。多样性和变化并不是一个完美不变的理念的腐化,它们源于人的本性。边沁从他对幸福的理解中推导出它们。他毫不惋惜地说,不可能存在完美的幸福。如此一来,他便与古典观点彻底决裂(I,页 194)。现代国家这个政治秩序将其目标定位于,表达并满足那些不断变化且相互冲突的欲望。古代立法者是政治的替代,但是边沁意识到,如果国家的合理性基于每个人自己脑中的欲望,那么政治不可能有什么替代,即使是作为一种愿景。政治立法者所需的知识是有关欲望的信息。由此,即使有关最佳法典的知识也无法提升人, [18]或使得他们特别适合接受或保存某种理想宪制。法律知识只不过使得人们更加服从法律。边沁认为,对于生活在不断变幻的世界中的人来说,他们只需满足做到两点:诚实以及具有制定规则和遵守规则的习惯(IX,页 4—5)。作为立法标准,功利仅仅是将多样性纳入考虑并适应变化的途径。

---

① Plato,《法义》("Laws"),见 *The Collected Dialogues*, ed. Edith Hamilton and Huntington Cairns, Princeton, 1961, 1.749, 页 1325。
② 前揭, 1.772, 页 1349。
③ 前揭, 1.664, 页 1260。

第一章　法律的功利法典：日常立法或非常立法？

无论边沁如何修改古代立法者这个理念，有些时候，自己作为伟大立法者的形象还是主导了他的思想。与有关立法者的说法一致，当边沁认为某个地方没有任何法律体系时，他的抱负就被激发起来。当某个地方完全缺失现代国家制度时，边沁就设想通过设计来推动这个地方的政治发展。由于立法者替代了政治，他常常认为，他是否会接受一个专制国家或民主国家的要求制定法律，这件事根本就无关紧要。① 在新生国家中，几乎没有人会认为新法会带来混乱，而边沁似乎准备为亚隆·伯尔（Aaron Burr）大有希望的墨西哥帝国以及新生的雅典民主国效力，为他们提供一部完备的法典。与此相同，在那些局势混乱的地方——就如莱喀古士分裂斯巴达后（十亩安安稳稳的土地强过千亩不安稳的土地）的局面——边沁的法典就是有用的（I，页318）。因此，边沁赞赏法国民法典是走出无秩序局面的进步，尽管它具有诸多缺陷（IV，页500）。边沁有时指出，英国普通法根本就不是法，而当他这么说的时候，他显露了对母国危机的担心。但是，他明白得很，他赞同克伦威尔的判断，英格兰并不是"一张白纸"（IV，页501）。② 下述事实与他的立法者抱负一样发人深省，即：边沁并没有真的去起草一份法典寄给其他某个国家，即使当有人恳请他这样做的时候也是如此。③ 他寄给雅典的那部法典并不是他自己写的，他甚至都没有阅读那部法典（IV，页584—585）。

没有理由认为，边沁仅仅因为担心自己的法典会被拒绝而对于为某个民族立法不抱希望。他也没有被塑造人们的品格和信念

---

① 就边沁在政治上到底偏好哪种政府形式，他的读者持有另一种看法。参见，Halévy，《哲学激进主义的兴起》，前揭，页490—491，或Mack，《边沁》，前揭，页116，209。
② 这个措辞令人想到洛克的知识心理学，而且强化了本章开头引用的边沁的那段话。
③ Letwin，《追求确定性》，前揭，页176—177，全面解释了这点。

这些难题吓住；教育并不是法律的目的。如果说他的这种克制基于某个思想上的原因，那么这个原因就是，他认为新法会破坏预期。考察一下"时间和地点对立法的影响"就会发现，到处都存在（至少是）某种脆弱的预期(I,页180;IV,页409、561)。只有在"英国资本家"的眼中,墨西哥是一片"彻底黑暗"的土地(II,页569)。一位外来立法者无法辨别，新法究竟会确保预期,还是会破坏预期。我们需要一支名副其实的立法者和行政官员大军[19]来完成收集有关预期的地方性信息这项"统计任务"(I,页180—181)。边沁解释说,自孟德斯鸠写作以来,立法者所需的文件数量增加了不少,因为立法者必须揭示一个民族的生活方式和行为举止的基本情况,测绘他们国家的地形和地理,对他们现在的法律、风尚和宗教有基本的认知(I,页173)。与卢梭一样,边沁将法律理解为一个民族状态的反映,而非某种教学性的东西。他对于"接受"法律的新生国家能够获得法律安全这件事不那么自信。"一个国家的宪制是一回事",他特别就新生国家提醒说,"政府和民众在宪制之下的行为是另一回事"(II,页568)。这并不是说,边沁编纂的法典一无是处。他确实认为,这些法典作为法律改革的模型是有用的。这样一来,边沁就使得自己扮演了某种立法者角色。

他只有一次设计并推动一个新秩序,好像这个新秩序是"当下能实行的",这就是全景监狱计划。全景监狱也正是人们普遍将边沁视为立法者的一个原因。全景监狱的美学灵感有相关记录。这份灵感源于边沁兄长的小说,一部具有循环结构的小说。当边沁为监狱的使用提出设想时,他似乎遵循了门托尔"将一切都减少到节俭和庄重的建议"①。就全景监狱而言,边沁抛弃了他脑中已有的所有制度并且无视政治(这一点他事后有些后悔)。他的目的是

---

① Fénelon,《忒勒马科斯的冒险》,前揭,页217。

要将改造监狱这个机构并以此来改造那些最恶劣的囚犯。所有这些事情,边沁都是在扮演立法者。但就是在这里,边沁还是陈述了全景监狱运作和调整的原则。他做了一件他认为所有现代立法者都必须做的事情——确保自己的方案是可改进的——而使得自己变得真正一无是处(X,页269)。他对于全景监狱计划遭到拒绝而感到愤怒,至少部分是因为委员会声称,他的方案"根据一般看法,太特别了……无法基于对某个人的信任而采用"(XI,页149—150;III,页303;II,页420)。因为,边沁不仅辛苦地推广全景监狱,说明它不是设计师的一件古怪产品,还将全景监狱的收益计算的较为清楚明白。重点在于,全景监狱仅仅是某个机构——监狱、学校、工厂或济贫院——的可行设计,仅此而已。它并不是一个微缩的国家,边沁并没有打算运用它来批判现实中的国家。如果关押在那里的囚犯有点奇怪地被相互隔离开来,那也不是为了[20]使得他们更容易悔改。全景监狱并不是一般意义上的失范关系或威权关系的一个模型。无论如何,边沁计划中的巡视警官通过惩罚措施,而不是通过以身作则的无法察觉的影响来进行掌管。在克制的(甚至有悔改表现的)罪犯与有德行的人之间存在天壤之别。边沁对于"政治浪漫"(I,页533)或"灵魂重生的大胆计划"(X,页233)毫无兴趣。[①] 边沁并没有想要提供一个地方,可以用来测试形而上学提议或进行品格塑造的试验。实际上,边沁害怕全景监狱被如此误读,害怕全景监狱由那些想要将自己的品味强加于其他"不在乎被他人驳斥"的人来运行(IV,页65)。边沁称那

---

① 正是在这方面,边沁称罗伯特·欧文(Robert Owen)"开始的时候是一些水汽,结束的时候是一些烟雾"(X,570)。[译注]作者认为,边沁从审美主义的角度批判了欧文的空想社会主义,特别是欧文于1829年在美国印第安纳州进行的理想社会实验。当时,欧文买下了1214公顷土地,建立了符合他政治理想的新和睦(New Harmony)社区,但是最终没能成功。边沁这里运用"水汽"、"烟雾"来比喻和讽刺欧文的这种想法和做法。

些想要创造划一秩序的教育者和政治人是专断的。他对一个完美秩序或教导他人思考这样的想法都没有一丝兴趣。

自己伟大立法者的形象仅仅是边沁分裂的思想和自我形象的一面。另一方面,他还经常将立法作为政治(特别是议会)进程来加以讨论。他提议,在现代国家,法律必须由立法人士和官员制定,由完全与立法者不同的政治局内人来制定。立法者是独立的、异邦的;政治局内人是依附的、熟识的。边沁写道,政治人祈求秘密(X,页233)。他迫切地想要大臣和政治野心家成为自己的心腹,从而为自己和自己的作品获取某种与政治立法的紧密关系,这与立法者立法完全不同。

边沁明白,政治人无法享有完全裁量权,无法独立行事。依附和感激是约束政治同业者的一对双生牵制——法院和议会都是如此——要求其成员共同行事并通过制度行事(V,页564)。"通向迷宫内部的线索"不仅展现了依据"自我偏好原则"的行为,而且表明政治同业化和制度化无法避免(X,页80)。这些是他在《宪法典》中提出的民主制度(有法院或贵族议会)的特征。此外,政治人不能不顾人民所需而立法。立法者只需要说,他发布神谕,然后离开。政治人必须聆听,一直站在后面。边沁的功利原则之所以是法律的一项政治依据,正是因为它要求立法者倾听(I,页v)。功利原则作为立法标准的独特优点是,它使立法者比以往任何时候更好的倾听,结果就更有可能带来稳定,[21]或至少是更有可能提前预见到分歧和失序。立法者听到,必须修改法律但是彻底修改却又不现实,因为即使最好的新法也会破坏预期。边沁写道"头脑发热的革新人士(脑中都是他们自己的想法)仅仅关心抽象好处。他们认为不满没什么大不了"(I,页181)。政治立法者与此不同。他们的目标总是和平,或更确切地说,安顿当下的失序。如果他们遵从功利原则,他们同时还会增加"积极的好处"。但是功利的重要性主要在消极层面,下章将作分析。它的目标是安全,或将失望最小化。

边沁的政治概念也与古代不同。古典政治学说明品格,而边沁思想中的政治学与人的品格没有丝毫关系,法律也不是教育或品格塑造的工具。实际上,如果没有政权,只有变动不居的世界,那么品格这个概念本身就失去了意义。就这点而言,边沁对忒勒玛科斯(Telemacus)的解读又一次给我们以启发。他认为,费奈隆主教那部简明的说教作品的主旨——法律的目的是塑造臣民的德性——纯粹是多愁善感(X,页11)。虽然边沁将忒勒玛科斯称为自己的"完美道德楷模",但是对他来说,在冒险故事之外,古希腊人和古罗马人的德性都被它们犯下的罪行抵消了。他写道,他们视其他人为野兽(II,页537)。一旦将古代德性提升为标准,边沁就会提醒他的读者注意,古代历史的奴隶制以及"尚武转向"(II,页544;通信集,II,页145—149)。边沁后来解释说,他年轻时被忒勒玛科斯所吸引完全是基于情欲,因为他羡慕忒勒玛科斯可以和优查利斯(Eucharis)同床共枕。边沁将德性缩小为诚实和仁慈,后来甚至不愿意将仁慈作为政治人的一项标准。他就是不允许在政治中出现品格。这也就是为什么虽然导师门托尔这个角色吸引了他的同代人,但他却认为不值一提。多样性和变化这两个现代性的标志使得边沁将知识缩小为信息。它们还使得边沁将品格缩小为负责(I,页268)。他在负责的行为这个概念(常常与职业主义相关联)中找到了品格的替代品。

鉴于边沁的政治立法观,立法者还剩下什么?他称为形而上学的一种知识确实在他的法律分析中占据一席之地,而边沁相信,如果人们能够正确地理解知识和政治以及立法者和立法,它们就可以被调和。这种调和的物质载体[22]就是法典,就像边沁所起草的那些法典。基于这个原因——不仅仅因为边沁对分类本身的热情——法典在边沁的作品中扮演着重要的角色。一位现代立法者可以设计一部模范法典——对一个法律体的分析或规划——它的标准可被政治采纳或被政治改进。政治能够创设善法,政治人甚至可以宣告他们的法律具有充分的理由,但是只有一部法典才能够赋予这些法律之前所不具备的理性形式。一部法典可以表明诸多法律的"真正本质和相互联系"(OLG,页 234)。现代立法者为立法带来的知识包括了这些普遍的、不变的、纯粹形式化的联系。因此,法典化其实是一个逻辑问题,而非一个形而上学问题。"法律的科学",边沁写道,是"意志逻辑""最重要的分支"(I,页iv)。对于法律(他将其视为主权者的命令),他希望自己能够像亚里士多德对理智的陈述所做的那样,证明法律与陈述一样能够相互之间形成逻辑关系。他将说明一个法律体以之为基础的"自然的、普遍的原则"(OLG,页 232),并且"解剖所有法律"(OLG,页 308 脚注)。虽然法律科学依然处于"摇篮中",边沁希望自己对形式关系的理解将开拓立法这片"人迹未至的荒野"(OLG,页 232)。他戏剧性地陈述自己的目的:"哦,逻辑!科学殿堂的看门人,无常命运的牺牲品!注定是那些学究的苦工!来为你的伟大主子立法效劳吧!"(X,145)

虽然这份法典化工作仅仅允诺了法律领域内的形式方面的进展,但是这些进展并非无足轻重。一部好的法典能够确保法律的内容也很好,法律在内容上"不存在宽宏大量、差别对待……不确定性、自相矛盾、同义反复、模棱两可、晦涩难懂"(OLG,页 310)。边沁坚持认为,在法律问题上,这些形式特征的重要性最为突出。全世界都认为盗窃是恶行并不够;夺取他人财物构成盗窃罪取决于法律(I,页 161—162、193)。对于人们的生活来说最重要的是,每部法律将那些认定为侵犯的行为进行确切的归类,从而使得此法能够与其他法区分开来,而且使得这类行为能够与合法行为区分开来。边沁有时候提出"如果掌握正确的方法,我们可以走在事件之前"。如果说我们无法预见每一个侵犯行为的话,我们也至少能够预见每一类侵犯行为,因为它可以从法典中推导出来(III,页205—206;OLG,页164—165)。在大多数情况下,[23]他的说法要温和些。如果法典表现了法律之间的逻辑关系,那么它就能确保法律体(the body of law)是整全的且没有矛盾。他指出"没有法典,就没有正义"(X,页597)。他对当时法典的主要不满是这些法典都不完备(III,页206)。

边沁使用"法律体"这个措辞并不是一个草率的拟人用法(I,页163;OLG,页308脚注)。体(body)是我们最为熟悉的一个标示整体的形象,而边沁希望他的法典是完备的,无需人们再去理解法典之外的任何其他事物。在这点上,边沁希望他的法典具有教育意义,因为那些服从法典的人应当能够不借助任何中介认识法律(V,页236)。他的法典(就像其他地方的法典一样)是为了,通过废除"技术性的"或"律师的"法,从而提供比旧体系更大的法律安全。有时,边沁甚至会说,功利法典是自我实施的,因为这里不存在有关法律是什么的争论;法律将无需解释(III,页207)。他写道,一部法典是对抗"司法型立法"的唯一武器;法典将"保卫那些守卫者"(X,页597)。但是,在没有直接与普通法短兵相接时,边沁有关司法的角色的说法会宽松些。他会承认,即使最好的法典也需要解释,即司法立法。下述看法是错误的,即:"法律体"这个比喻不仅仅指整全性和没有矛盾,还指法的自治。原因在于,边沁并不仅仅对法典本身感兴趣,他还对法律体系以及法律体系产生的规则感兴趣。也就是说,他对使得法律具有效力的政治机构感兴趣。他的意志逻辑学并不是反对法律职业,而恰恰是面向法律职业说的。

因此,立法者的特殊知识是逻辑学。立法者在立法中的特殊作用是宣布形式规则,而非宣布某些特殊措施。立法者确定"普遍且不变的关系"，这些关系的目的是确保一个完备且没有矛盾的法律体，而不是（像古典立法者的规则那样）为政治不稳定提供一剂永久的解药。边沁的立法者也不单独行事。它需要政治来为法律提供内容，而这个内容一直在变化。简言之，边沁没有使用立法者这个概念来将立法活动表现为一项非常行为。我们还可以说，就边沁强调立法者的立法贡献的形式性而言，他几乎避开了困扰 18 世纪其他法典和宪法创制者的难题。传统上，立法者是自我选择的，[24] 而且他的法典之所以被接受，是因为立法者的特殊身份。接受法典与普遍同意毫无关系。立法者的这个特点是 18 世纪法律创制者的普遍特征，这些人赋予自己古典形象。这里存在这样一种危险，即立法者形象与他们普遍推崇的启蒙价值（特别是共和价值）冲突。与此不同，边沁的立法者的自我选择性与这位立法者给出的方案完全不冲突，只要这些方案主要是一些形式方案。

在边沁看来，立法者将提供一部符合意志逻辑设定的限制的模范法典，但还是有待政治来立法。边沁很清楚，法典化并不涉及法的内容，也不涉及立法的政治过程。法典化并没有言及法律所服务的政治价值。边沁承认，他的法典化建议也适用于普通法。但是，边沁脑中萦绕的是一部其内容从功利原则推导而来的法典。他写道，功利原则将所有律法的原因指向"一个核心"（I, 页 162）。新法诞生，旧法变迁，但是这一切必须根据功利来。就内容而言，在现代国家，功利代替了立法者。当然，功利是一项形式原则。它并不为任何法律指明任何具体内容，它仅仅指明政治立法者必须考虑什么。这些立法者需要知识来决定如何从功利角度来理解某个行为，这些知识并不是哲学理解，而是有关人类欲望的信息。如果知识化约为形式原则和信息，政治化约为表达欲望和满足欲望——如边沁所言——那么这两者就不会相互冲突。

有人说,功利立法的内容是"升华的常识"①。边沁确实希望,法律能够较为严格地对应常识,但是这里必须是未经升华的常识。他写道:"法之善在于它们符合一般预期"(TL,页148)。法应当将人们普遍知晓之事(社会预期)作为自己的基础。功利关注那些之前没有得到法律承认的预期,这是功利的激进性所在。因此,功利排除盲目的惯例和所有专断之事。它无视有关真正幸福的哲学洞见以及纯粹私人感情。即使如此,边沁还说,功利并不确保和平与幸福。这些预期可能无法调和。但是在他看来,功利立法的最大劲敌是狂热,因为它使得功利主义的调整不仅行不通,而且变得无法理解。功利无法对抗狂热,因为它无法满足那些被狂热吸引的人。[25]但是,功利能够识别狂热。功利能够揭示那些完全以修辞角度反对立法的观点,因为只有功利可以指明作为立法基础的那些"明晰而确定的事物"。边沁有关功利的最强主张是:现代国家最有可能通过功利实现法律安全(I,页161;II,页291)。

边沁相信,功利法典能够在法律领域调和知识和政治。他还试图在自己身上促成立法者和政治家之间的调和。自己作为立法者的形象在边沁心中激起了一种矛盾心理。他基于经验而知,从另一个角度来看,天才(独立的局外人)其实是政治人物的附属甚至牺牲品。他对于既有制度来说是"危险的"(I,页246),但是他却要求一张"无害证明书"(X,页441)。那些国家会将他所赐之物视为神谕,但是他"因不被承认的存在而倍感羞耻",觉得自己"像是人人喊打的猫狗"(X,页26)。边沁写给谢尔本勋爵的致歉不亚于卢梭有关反抗与依赖之冲突的描述:"作为一名杂种哲学家,……请必须允许我在亲吻您抚摸我的美丽双手时,不时地向您

---

① Max Weber,《韦伯论经济与社会中的法》(*Weber on Law in Economy and Society*, ed. Max Rheinstein, Cambridge, Mass, 1954),页286。

汪汪叫几声。"(X,页 245)

要想减轻局外人那种复杂的不自在处境,一个方法是收政治人物为徒,让他们做自己的传声筒。无论思想史家认为哲学激进主义如何有影响,根据边沁自己的说法,他作为精神导师是很失败的,他斥责自己的徒儿。边沁指控约翰·利德(John Lind)偷了自己的一份手稿(I,页 247),而他的"徒孙"同样很糟糕。李嘉图(Richardo)没有胆量引用他的作品(X,页 498),而布鲁厄姆(Brougham)则几乎没有任何胆量(X,页 588)。边沁肯定觉得自己的处境与(他亲眼目睹的)谢尔本伯爵政治上的处境一样——就像有着黄金打造的脑袋和泥土做成的双足的巨人那样,"在头部以下,找不到一丁点声望"(X,页 236)。

最终,边沁打造了一个适合于终其一生"既超越党派,又受制于党派"(X,页 386)的人的自我形象,这个形象将局外人的思想地位与政治局内人的某些个人满足结合起来。边沁在描述自己的努力时说"我是没有报酬的……告密者"(III,页 509)。告密者这个形象使人着迷,因为它表明此人具有同时存在于两个对立世界的能力。对于边沁来说,它意味着,他可以自称享有大臣们的对局内人的那种信任,[26]并且共享他们的知识,那是有关人的知识而非书本的知识(V,页 587 脚注)。野兔可以利用猎人的武器。他可以攻击动机和绚烂的修辞。实际上,边沁吹嘘自己在政治人的游戏中超过了这些人。他最伟大的个人胜利是他在《反马基雅维利的信》揭示了英国在欧洲大陆外交上的险恶方针,做得比谢尔本还好(X,页 212)。最重要的是,边沁借助功利原则,能够比政治人更为敏锐地察觉政治风向,能够更好地"聆听"(XI,页 9—10)。边沁以此实施他的报复,报复他们忽视边沁的那些规划。同时,他还拥有一种更为重要的能力。他理解现代国家的法律的特征,以及这些法律若想实现其目的必须采用的形式。这种理解是他的主要工作。他的"天赋"不仅仅是他能够提出改革建议,而且他能够解释改革的原则,以及这些措施必须采取的语言和法律形式。边沁确信,这项工作之所以可能,正是因为他是一位局外人,这里的局外人完全是心理意义上的局外人。他认为这是一条普遍规则,即:只有那些"被他们的无足轻重所压制的人"才会进行"充满热情、不屈不挠的"思想劳动(II,页249)。

这个说法表明,边沁远离所有那些将古典遗产作为自己标准的思想。接下来就只有进行思想劳动;其目的是工具性的。知识之间的逻辑和信息对知识领域进行了分割,而且在边沁看来,它们可以与政治相调和。在现代国家中,它们为立法所用以满足欲望。在所有这些中,边沁为立法的日常性辩护。立法得到保障后,必须要阐述为其提供伦理基础的个人主义心理学并解释它的力量。这将是第二章的主题。

第二章　立法者的社会心理学

[27]幸福这件事感觉很好,但说起来却很枯燥。(IV,页64)

边沁将立法既区别于作为某个理想永恒秩序之基础的法律,又区别于作为品格塑造工具的法律。立法应当被理解为顺应个体欲望(功利的表达)的一种特殊方式。如此视之,功利立法是在不断变迁且相互冲突的人类欲望之上的一种更高的合理性。① 如此一来,若要理解立法者还需完成两个任务。边沁借助了心理学论证来完成这两个任务。他运用心理学来阐述法的伦理基础,这些法将欲望作为自己的内容,尤其是运用心理学来证明法(或者是作为一个法实体的国家)的恰当目的是确保预期。他还借助心理学来解释法的强力,或者说,惩罚的运作。这两方面的讨论在边沁大部分法学著作中占据核心位置。

并非只有边沁诉诸心理学。在18世纪,政治思想自觉地紧紧扎根于心理学。这种心理学——自然科学的爱子——被恰当地称

---

① 因此,国家是一个包括这个统一法体系及必要制度内在的一个法律实体。本书第四章和第六章将讨论这些制度(包括代表制,还有特别是行政制度)。

为自然主义。边沁在《导论》开篇给出了一个经典的自然主义主张。

> 自然把人类置于两位主公——快乐和痛苦——的主宰之下。只有它们才指示我们应当干什么,决定我们将要干什么……凡我们所行、所言、所思,无不由其支配;[28]我们所能做的力图挣脱被支配地位的每项努力,都只会昭示和肯定这一点。一个人在口头上可以声称绝不再受其主宰,但实际上他将照旧每时每刻对其俯首称臣。(I,页1)

但是,自然主义并非一个统一的学说。通常来讲,人们根据自然主义名目下各种心理学理论赋予理性在指引和调和激情上的不同自主性来区分它们。但是,在边沁看来,从它们的一般特征而非有关心理活动的具体解释来区分这些心理学理论,更为有用。简言之,一种理论是知识心理学(psychology of learning),解释观念的起源和理解的运作。另一种不同的理论是社会心理学(social psychology),分析人的倾向以及源自倾向的行为,从而预测社会关系。边沁出于纯粹法律方面的目的,广泛援引这两种心理学理论。

根据18世纪的观点,不仅自然可以被知晓,而且"自然"这个术语被用来囊括人所知的一切,因此,研习自然与认识论无法分离。心理学被用来探究观念的起源来,从而为认识论服务,自然主义被精炼地描述为一种"历史"心理学。[①] 它追踪思想和行为的动机——即快乐和痛苦——后者(依据不同的观点)要么引起前者,

---

① Ernst Cassirer,《启蒙哲学》(*The Philosophy of the Enlightenment*, Boston, 1951),页93—94。

要么导致了前者。它还追踪激发这些感觉的外部情景。洛克的《人类理解论》是有关自然主义的经典之作,而且带来了后续的一系列发展,特别是在认识论方面。洛克及其追随者并不仅仅想指明边沁所说的苦乐的最高地位,他们还想要使人们顺从苦乐。这些努力都很成功。在一个激烈反对任何性质的绝对主义的时代,边沁的那些说法以及其他数不清的此类说法竟然几乎没有引起人们的哀叹。原因很明显。人们对关于心灵的运作和观念的起源的这项新洞察感到满意,是因为它能够成为攻击教条和权威的武器。心理学最为自诩的胜利当然是可能实现启蒙与思想自主。在最为激进的版本里,知识的历史心理学保证,人能够变得完全平等和富有同情心。边沁对思想自主这个理想或运用心理学攻击启蒙的敌人,没有什么异议。[29]但是,这些都不是他的主要兴趣。他诉诸心理学所教导的历史方法是为了向政治人解释法的运作和法的强力。他的惩罚理论基于一种历史心理学。边沁受惠于洛克的心理学,当然他也与洛克有所不同,这将是本章第一部分将要讨论的问题。

洛克的《人类理解论》是探究观念的起源与理解的运作的起点。他的作品并没有处理某人的苦乐对他人苦乐的影响。这是社会心理学的任务:从洛克停止处推进。边沁从来没有宣称,他对心理学的兴趣是认识论方面的,但是边沁的下述做法最清楚地表明,他与那些试图运用心理学解释甚至预测社会关系的人站在一起:他强调意志而非理解,而且他得出结论认为,安全是人的主要欲望以及法的重要目的。边沁并不是在心理学开辟的这些研究中找到头绪的第一人。爱尔维修在他之前已经尝试这样做,而边沁似乎最为看重他与爱尔维修的这个思想学徒关系。爱尔维修先是修正了洛克的历史心理学,然后,将他的相关结论运用到他有关观念(作为权力的行使方法)的重要研究中,以及有关权力行使的政治史中。边沁从洛克的后继者那里学习心理学,而非通过直接阅读洛克。因此,他遇到了最为极端感觉主义版本的心理学,爱尔维修运用这种心理学,将过去的权威视为某种迫害,支持激进的平等主义。作为爱尔维修热忱的仰慕者,边沁并不接受爱尔维修的愿景。边沁坚持守护政治权威,他接受与所有政治秩序相伴而来的强制和不平等。他认为,说明政治关系具有压迫性或进而表明这种压迫的意识形态手段和历史发展轨迹还不够。心理学必须为调整社会关系提供一项标准。爱尔维修的社会心理学根本无法成为改革(特别是法律改革)的理论基础。基于此,边沁需要提出自己的社会心理学,这是本章第二节将要分析的内容。

对于心理学的对象,边沁并没有什么新颖的看法。重要的是,他为了实现自己独特的法律目的,如何借用当时的学说,如何运用心理学。[30]他并没有主张,心理学通常被用来服务的那些政治目的有什么问题。心理学被用来解释政治权威的起源和限度以及如何在思想上独立于其他权威(特别是教士权威)。边沁赞成这两个目的。他当然接受下述观点,即:个体欲望的满足应当成为统治者与被统治者之间所有关系的尺度。他运用心理学来解释思想方面的压迫,包括掌权之人有意制造迷信——虽然在他看来,这里的敌人与其说是教士,不如说是法律职业。但是,同样明显的是,边沁认为这两方面的研究大体上已较为完善,并不需要他再投入十足的精力。当他在《政府片论》中处理权威和服从问题时,他并不需要为统治的个人主义伦理基础辩护。边沁认为,他的对手布莱克斯通,虽然接受个人主义,但是没能将其融贯地作为一项政治标准。与之类似,当他攻击英国国教时,他将其作为保守政治建制的一个要素。他指责,宣誓其实在鼓励伪善。大陆激进派在与教权主义的激烈作战中不得不全力对付宗教信仰本身,但是边沁并没有这样做。边沁的愤怒指向律师,这些人故意制造迷信并享受迷信的必然产物:顺从。边沁想要揭发并改革法律职业,但是他并不想完全废除律师的权力。边沁与爱尔维修不同,他并不想用知识分子的新领导权来代替律师的位置。

边沁运用心理学的独特之处在于,他也许是洛克之后第一位让自己面对政治人而非反对政治人的政治思想家。他用心理学建构的论证与法律的目的(确保预期)有关,与被赋予这个目的的法律体系有关,与这个法律体系的运作有关。他的听众是立法者,他有关这个主题的论著既是批评性的,也是教诲性的。边沁运用了重复这项最简单但却最有效的修辞方法。因此,本章汇聚了他有关民法和惩罚的诸多反复论述。

一、边沁对洛克心理学的解读

边沁称赞洛克是"思想真理的第一位大师",虽然他承认,他是为了完成任务而阅读《人类理解论》,因为这本书广受盛赞。[31] 他抱怨说,洛克所说的"虚拟存在,例如能力(power)"让自己很困惑。他佩服洛克是因为,如果没有洛克,"那些教导我的人将一无所成"。这里指的是那些激进的感觉主义心理学著作家——特别是爱尔维修——他们修正了洛克的作品,使得洛克笔下特别麻烦的"能力"概念没有了栖身之地(X,页 22、142)。边沁在《导论》和其他论民法和惩罚的作品中吸收了他们这些人最终得出的心理学。

洛克声称,自己的抱负是勾画"人类知识的正确历史和起源"①。他将痛苦和快乐理解为朝向和远离持续的不安状态的运

---

① John Locke,《人类理解论》(*An Essay concerning Human Understanding*,Toronto,1965),页 99。

动。这样来解释的话,快乐与痛苦的区别并不大,它们其实可以被称为减轻(relief)和丧失(privation)。这样就不可能有满足。洛克对感觉的这种看法也适用于来自于感觉的思想。他写道"让(年轻人)牢记转瞬即逝的思想……违背儿童的自然状态。"① 实际上,所有观念都在持续不断地变化,而人们似乎都不会长久思考某个事物。洛克的心理学提出了一个将困扰所有心理活动研究者的难题。根据这样的描述,人服从当下不安的专断控制。人是自发性和不知足的受害者。但是,所有事情——包括道德之事和知识之事——都需要注意(attention)。洛克明确表示,在实践中,这个难题仅仅是表面上的,因为他写道,不安"纵不是人类勤勉和行为的唯一刺激,亦可以说是它们的主要刺激"②。《人类理解论》解释了人如何能够摆脱不安,摆脱转瞬即逝的思想。洛克认为,感觉仅仅是人类心理经验的一种,还有一种是反省。③ 感觉仅仅是其他独立的心理活动的场合和材料。心灵可以增加思想,也可以创造思想。④ 人可以选择满足或拒绝不安的要求。人甚至可以将观念变得对自己不那么愉悦或更加愉悦。⑤ 简言之,心理可不是消极顺从的。通过"能力",一种特殊的心理努力,人可以在不安状态中"搁置"自己,不回应不安的要求,展开"公正的考察",考察他们为了追求幸福应当做什么。⑥ 洛克的心理学并不是一种禁欲主义。由于感觉同时是我们思想和行动的场合和材料,获得丰富且多样的感觉经验必定很有益。简言之,克制和远见为幸福所必需。它

---

① John Locke,《教育片论》(*Some Thoughts Concerning Education*,New York,1964),页175。
② Locke,《人类理解论》,前揭,页144、156。
③ Cassirer,《启蒙哲学》,前揭,页100。
④ Locke,《人类理解论》,前揭,页101。
⑤ Locke,《人类理解论》,前揭,页169。
⑥ Locke,《人类理解论》,前揭,页161。

们说明理性在运作,说明了道德本身。洛克的心理学最终推荐一种自我控制而非自我否定的教导。

[32]通过许多杰出的后继者,洛克对上述心理学难题的解决方法启发了修正派。这些后继者指出,《人类理解论》并没有提出一个完全融贯的心理学。虽然洛克将观念的感觉材料讲得很清楚,但是他没有解释心理的独立官能,即那些内在经验。必须将这些内在经验同样追溯至其源头。爱尔维修最为极端,找寻一种将感觉和反省结合起来的纯粹感觉主义心理学。[①] 他认为,所有心理活动都是感觉的变形。"所有的判断都仅仅是人经历的感觉。"[②]并没有独立的官能可以使人摆脱不安的诱惑。快乐和痛苦不仅仅是思想和行动的场合,他们其实创造了思想和行动:"肉体的感觉能力是我们的行动、思想、激情和社会性的唯一来源。"[③]爱尔维修还是得解释下述事实,即:某些感觉影响人,但某些感觉完全不被人注意。为此,他引入了"注意"(attention)这个概念。"注意"其实并没有比洛克的能力及理性概念高明多少。其实,它与其说是用来替换洛克的概念,不如说是在否定洛克在《人类理解论》中提出并解决的那个问题。原因在于,"注意"表示一种根本无法摆脱的极端的、毫无创意的利己主义(egoism)。爱尔维修使用这个"注意"概念,显然是要拒绝赋予洛克有关短期利益和长期利益的区分(快乐和幸福的区分)以任何道德或政治意义。当边沁发现"我们无时无刻不在经历着一系列各种不同的,但我们并没有兴趣关注的经验。这些经验川流而过,却没有引起我们的关注"(TL,页 20),他将爱尔维修想要解决的问题又提了出来。当边沁决定

---

① Cassirer,《启蒙哲学》,前揭,页 100。
② C. A. Helvetius,《论人》(*A Treatise on Man*,New York,1969),1,页 114。
③ C. A. Helvetius,《论人》,前揭,1,页 124。

仅仅将造就思想和行动的苦乐称为"有趣的知觉"时,他与激进感觉主义一样规避了这个问题(I,页17)。

边沁熟知洛克的另一位同样研究心理史的后继者的作品,他就是哈特利(Hartley)。爱尔维修聚焦"注意",哈特利则提出了观念的习惯性联系原则。哈特利的心理学基于一个精致的运动机械论:外部物体在神经和大脑里引发细小的震动。重复震动在大脑的髓质部分留下"痕迹",从而在心理创造外物和观念的联系。① 他得出结论:"每个行动都来自于身体和心理的前一个处境,与其他结果与机械原因一样,具有相同的方式,相同的确定性。"②哈特利自认为,[33]这个理论说明了人的行动与自然进程如何相辅相成。上帝推动人。习惯性联系是人们变得日益平等和富有同情心的途径。边沁不像哈特利那样对心理活动感兴趣,边沁也不赞同哈特利以及其他预知天堂的人的下述信念:利益的和谐意味着利益的同一;划一。③ 但是,边沁发现哈特利的联系原则很有用,因为这个理论赋予他的下述观点以科学性:人最主要受习惯性预期的影响。这个观点对于他的力学理论至关重要。当然,边沁很小心地指出,严格来说,习惯不同于习惯做出的行动或感知,习惯本身并不是任何事物的原因。但是,边沁很乐意将这些认识论上的精细问题留给专家去解决:"这个谜题……可以运用联系原则来完美解决。普里斯特利(Priestly)博士编的哈特利论人的著作中,可以找到这个原则的性质和力量的完美解释。"就他自己的需要而言,边沁满足于将习惯的影响视为一项"事实——不需要解释"(I,页57)。

---

① David Hartley,《论人》(*Observations on Man*,London,1791),页4—37。
② David Hartley,《论人》,前揭,页296。
③ Halévy,《哲学激进主义的兴起》,前揭,页17。

边沁引用心理学当时的发展成果,更为重要的是,他心里非常清楚历史心理学对他研究的有限用途。他解释说,心理学是"心理生理学"(II,页478)。这是一种被称为力学的科学,研究对象诚如他的书名所示:《行动源泉表》(I,页205—206),心理学将苦乐视为途径或原因(I,页11)。但是,这项活动的具体细节并不是边沁主要关心的问题。他并不纠结,动机究竟是一个痛苦或快乐的观念,还是伴随某个观念的痛苦或快乐,这些争论激烈的问题。这些问题在他看来都"仅仅是语词问题",解决这些问题对他来说并不重要(I,页47脚注、207、211)。他从"最为宽泛的意义上"来理解动机这个词,即任何能够导致或阻却任何行为的东西(I,页46)。① 边沁发现,荣誉的快乐通过一种"特殊的同情"在亲人和朋友间传达,但是理解它的原因("即它与人心其他现象的相似之处")同样也不是他的工作(I,页26)。他对荣誉这种动机的兴趣仅仅在于,荣誉是否最常附着于社会、准社会或反社会的意图。这是立法者在考虑荣誉时必须掂量的问题。② 心理学要确定我们能知道什么。与之不同,边沁认为,他仅仅是为了了解动机带来的意图才关心动机。他不关心仅仅停留在理解中的"纯粹思辨的"动机(I,页46)。[34]在他看来,休谟《人性论》处理这些心理学问题的前两卷完全可以忽略不计(I,页268脚注)。

尽管边沁不关心多数感觉主义心理学聚焦的认识论问题,但是他吸收了感觉主义心理学的核心想法并予以运用。没有思想或行动是冷漠的。这些思想和行动的自然史表明,它们都是某个

---

① David Baumgardt 在《边沁与当今的伦理学》(*Bentham and the Ethics of Today*, New York,1966),页253—275、页375—378,解释了边沁有关动机的宽泛而中性的解释以及他对道德"严格主义"的攻击对道德哲学产生的影响。
② 有关荣誉的讨论见本书第六章。

第二章 立法者的社会心理学

动机运作的结果(I,页212、218)。自利并不仅仅只能描述经济行为,而是可以刻画一般意义上的所有行为。"最高尚的德性行为也可以轻易化约为对善恶的计算"边沁如是说,并提醒说,这并不是要贬低或弱化这些行为,而是"将他们当作理性的效果"(I,页13)。但是,边沁从心理学那里学到的东西并没有使边沁接受绝对的利己主义。当他在《导论》中提到仁爱和恶意的苦乐时,也是基于一种非利己主义的角度(I,页18、52—53、69)。① 他小心地反对一种对"直言不讳的"自利观,并在"宽泛的意义上"使用自我利益这个术语,"包括所有动机"。任何其他对动机的理解实际上都有问题,会带来致命的后果(OLG,页70脚注)。当边沁将心理学描述为一种严格意义上的利己主义时,他会采用某种一般性表述。"在生活的一般进程中,在每个人心里,自我导向的利益都是主导性的"(IX,页5)。这种一般化主要出现在他有关宪法的著作中。此外,当他认为,由于立法者无法认识个体,所以必须做出利己主义的宽泛假定时,利己主义本身对于立法的内容也没有什么特别的影响(IV,页52;X,页524)。② 利己主义压根就不是预测行为的充分基础——它最多也就是指出人类的持续存在(IX,页5—6)。

边沁对心理学的主要利用可以简单总结为:他在研究"法的强力"时,运用了历史心理学的某些教益。心理学为他对制裁的研究(阅读贝卡里亚有关惩罚的作品而获得的启发)提供了科学权威。边沁学习到,苦乐是"有效的根据或手段"。他将制裁定义为动机的来源(I,页14;OLG,页68)。"自然力量可以独自运作,而政治

---

① 还应当指出,边沁的心理学的一个独特之处就是他突出了反感。
② 但是,利己主义的确迫使立法者特别注意那些——以经济利益和经济制裁的方式——可度量且可比较的利益和制裁(I,90—91)。哈列维在《哲学激进主义的兴起》中也有类似的分析。

官员或公众除非通过自然力量便不能运作,上帝在这里所说的情况下非如此则不被认为在运作。"(I,页 15)。政治制裁是立法者自己创造的动机的来源。立法者必须了解制裁的力量,制裁的价值,特别是要对比具有对立或同类制裁的行为来权衡他设置的制裁。① [35]关键在于,苦乐并不仅仅(或并不首先)是立法者必须要看到的目的,而且还是立法者必须能够运用的工具。制裁为服从提供了动机,或者说,为社会控制提供了途径,但是制裁本身并不必然改变人们的利益。与此同时,心理学的教诲提醒立法者牢记,每部法律及其附带的制裁都会使某些人受苦;制裁是一个限制性概念(OLG,页 54;I,页 338、398)。边沁意图心理学在使得立法者的惩罚行为有效的同时施加一定的限制。他的主要标准和目的是效率(I,页 398)。

立法者对苦乐——作为立法目的的幸福——的另一项认识无法仅仅从对于动机的历史研究中获得。有关人们从何处遭受痛苦的知识,有利于将惩罚合理化,并使得我们能够划分各类侵犯。仅仅研究动机并不足以确定,法律应当将什么算作侵犯。随着边沁将讨论从法的制裁和强力转到立法的目的,他的关注点从历史性的知识心理学转到社会心理学。

即使当边沁在分析法的运作,并直接从历史心理学中获取启发时,他的研究目的也引导他去处理一些他知道需要心理学给出更精确处理的问题。这在《导论》中最为明显,边沁在那里讨论了意志和意图,区分了意图与动机。学过心理学的边沁知道,这里要小心。他承认刺激因与意图紧密相连,他承认自己并不能完全区分两者(I,页 22 脚注、42)。但是,他还是坚持,两者需要被区分开

---

① 判断制裁的强制力的标准是许多研究的主题,首先是哈列维,《哲学激进主义的兴起》,页 68 的总结。

来。《导论》聚焦刑事法,边沁区分动机和意图是考虑到了法律责任的问题。[①] 边沁说,意图是一个复合概念。意图包含了意志和理解或意识(I,页35、43),"在知觉的标题下,将讨论出自行为后果的意图好坏问题,而在动机的标题下,将讨论出自动机的意图"(I,页43)。责任并不在于行为动机,也并不仅仅取决于行为的结果。边沁敏锐地觉察到,指明何时一个行为结束,另一个行为开始,要想确定某个行动是一个行为还是几个行为,区分行为人意欲的那个物理行为与这个行为不计其数的结果,这些都非常困难。这些困难正好说明了他有关意图包含意识的说法为何重要(I,页35)。责任取决于理解某人行为的状况(circumstances),因为结果[36]主要取决于状况而非动机(I,页43)。边沁提醒说,状况确实会被误解为"伴随"着行为,将状况视为与行为分离,或外在于行为。其实,状况构成行为,赋予行为以特征(OLG,页44)。边沁总结说:"没有得到物质性状况方面的信息而做出的行为多少都应受些谴责,与他在那种状况中自我告知的义务的大小相对应。"[②] 根据动机与意图的这项区分,某人为某行为负责并不要求某人欲想这个行为带来的后果。[③] 边沁在法律责任上持有典型的现代立场,因为行为的法律后果既不取决于纯粹的主观标准也不取决于纯粹的形式标准。显然,意图完全不同于爱尔维修的"注意",也不同于边沁所讲的动机(他称其为"有趣的知觉")。动机和意图的区分——无论从感觉主义心理学的角度来看存在多大的问题——对于惩罚理论来说必不可少,清楚地表明了边沁在这些问题上采取

---

① 至少某些历史心理学给政治思想带来的后果是消除了责任,例如罗伯特·欧文(Robert Owen)的著作就是如此。
② Baumgardt引用了这个手稿,《边沁与当今的伦理学》,前揭,页252。
③ W. Cook,《刑法中的行为、意图和动机》("Act, Intention, and Motice in the Criminal Law"),见 *Yale Law Journal*,26(1916—17),页646—663,讨论了这些问题。

明确的法律主义观(legalistic view)。

解读《导论》就要理解，边沁从没有偏离法律主义者的下述观点，即：人与人之间的重要区分不是统治者与被统治者，也不是独立者与依附者，而是有罪的人与无罪的人。边沁认为，就是在这个区分中，在清晰做出这项区分中，最能发现安全。心理学已经充分回答了那些"道德主义者"，他们将自己眼中某些人的弱点的东西提升为犯罪。心理学指出，动机是中性的(I,页60脚注)。在责任问题上，根据动机来归罪并不合适，不仅因为我们无从知晓人的动机，而且动机根本就与此无关(II,页363、415)。但是，另一方面心理学却威胁将犯罪转化为人的弱点。通过"意图"，边沁声明，自己关心的是社会意识、责任、法律秩序的必要条件。

爱尔维修是边沁与洛克心理学之间最紧密的纽带之一。在爱尔维修的研究以及其作品的政治含义那里，我们可以看到边沁在哪些地方偏离了知识心理学。洛克的心理学关注"我们能知道什么？"这个问题。在观念的心理史中，快乐和痛苦是最高统治者，但是即使知识限于感觉产生或引起的东西，也没有必然因此感到束缚。对洛克来说，心理学是解放的，它确保某人自己的理性足以为他带来幸福的生活。[37]心理学被用来对抗教条，但并不是所有原则和权威。边沁承认并赞同洛克的目标——思想独立(X,页142)。

所有知识心理学的背后都有实现独立的渴望，但是爱尔维修对此持有一种激进的看法。他不那么关心我们能知道什么，而关心人们已经知道了什么以及人们为什么会知道这些。他的志趣是政治层面的：谁决定人们持有的观念，谁从中获益？对于爱尔维修来说，独立和依附与观念制造的这个问题有关。权力属于发明并宣传我们的道德观念的那些教士和立法者。爱尔维修的观点是第一个批判性意识形态：所有观念（特别是标准）都是伪装，都源于利己主义。[1]边沁自己也诉诸于这种揭露。《谬论之书》表明他认真对待自己师父的作品,并且在攻击权威时予以运用,而且他在其他地方也这么做了。"(民众)中坚持民主的那些人很不幸,"边沁在他的《宪法典》中写道,"他们的概念,他们的判断,他们的选举权,他们的语言,到现在为止,都完全受贵族人士的指导,并且几乎可以由贵族人士任意处置"(IX,页44)。

爱尔维修运用心理学来解释观念的起源,但是他在分析中没有为观念提供任何辩护。他的目标是贬低过往的道德观念与权威。边沁承认以此方式运用心理学,将其作为一种攻击手段确实很有力,但是他并不仅仅关心这种批判工作。他将意见(功利是其中一个例子)区别于谬误、欺骗、诡辩(II,页380)。边沁将确保人的预期作为功利立法的目的,这就表明了他的政治意图与爱尔维修的不同。边沁认真对待心理学的教益,坚持认为无法摆脱人的意见。使人们的预期破灭或改变人们的预期都只能带来苦难。此外,一种只具有批判意义的心理学无法满足边沁的需要,因为边沁显然想要为某些观念辩护。他不满足于将观念"提升"至它们的利己主义原因。边沁提醒说:"有两样事情很容易混淆,但把它们仔细区别开来很重要。一是通过对个人心灵的作用而引发行动的动机或原因,二是使得一位立法者或其他旁观者用赞许眼光来看待此项行动的根据或理由。"(I,页11)[38]功利原则提供了这个理由。我们可能无法对其作出直接的证明,因为心理学使得我们无法从逻辑上为观念进行辩护。边沁承认,功利"可能是一种心灵的活动;一种情感"(I,页1脚注)。但是,功利作为法的依据是且必须能够向共同体证明(I,页2、9)。

有关边沁与爱尔维修的政治目的的主要不同,还需要再说一

---

[1] Cassirer,《启蒙哲学》前揭,页26。

点。爱尔维修的知识理论和历史理论的底下，是人的原始心理结构和造成人的观念的其他因素的区别。这项区分，边沁受惠于爱尔维修，因为这项区分将心理学的注意力从心理过程转移到社会条件。边沁说，《导论》的一部分内容尤其新颖且难度较高，那个章节简要说明了影响敏感性（sensibility）的诸多状况（I，页 22 脚注）。鉴于边沁对立法的关注，他聚焦立法者能够知晓的那些状况：癖好、财务状况、同情性联系（I，页 31）。理解敏感性的社会决定因素对于边沁的惩罚理论来说十分重要。而且，这还是他有关伤害的讨论的基础。个体正是在这些地方遭受痛苦。边沁对侵犯的"自然"划分，除了一个之外，其他的都基于这种分类（I，页 137—139）。爱尔维修为他指明了这条颇有成效的道路。

尽管如此，原始心理结构和社会影响的区分也反映了边沁与爱尔维修的分歧。与所有此种区分一样，这项区分也是为了保护等式的一边。爱尔维修想要维护人的生理结构，反对社会影响对它的污染。爱尔维修认为，人就起自然构成而言是平等的，将人们区分和分裂开来的是政治和道德观念。他坚持认为，我们必须揭露这些产生分裂效果的观念，宣扬新观念。他对教育寄予无限的信心。边沁反对那些将一切归于自然或教育的观点。他指出，自然和教育是随后发生的状况的基础，它们从来没法被独立辨识出来（I，页 27）。边沁一直坚持这个看法：性情（比方说）"是一种为了论说便利而作的虚构，目的在于表示据设想永久存在于一个人心理构造中的东西"（I，页 60）。原始的构造及其他对敏感性的影响都是永久存在的。[39] 这些既无法被区别对待，也不能对其进行极端的改造。边沁对侵犯的"自然"划分包括对财产、名誉、健康状况以及人身的侵犯（I，页 99）。

在这个问题上，边沁并不直接反对爱尔维修。他只不过比爱尔维修更为前后一致。爱尔维修相信，一旦道德观念和政治观念

第二章 立法者的社会心理学

的利己主义起源被揭示出来,人们可以接受再教育,形成与他们的平等心理构成相符的观念。人会变得相似,变得富有同情心。爱尔维修将政治问题转化为教化问题。① 他的乐观与哈特利没有什么不同,至少他们的目标以及他们对人的无限完善性的坚信没有什么不同。边沁也一样抱有"发现和改进"道德的愿望,但是他拒绝爱尔维修对知识分子的信心——这些人对真理特别感兴趣,因此是一种新的、特别好的观念的来源——故而拒绝启蒙运动的特有抱负(I,页227)。边沁有关教育的任何说法都够不上爱尔维修的那种激进平等主义。边沁很确定,逃脱我们的社会性自我是不可能的。② 人只有首先立足另一个地球才可能推动现在这个地球(I,页3),而且爱尔维修的心理学根本没有为这种新的领导及新的道德提供任何解释。当边沁说,苦乐是人的最高主公时,边沁没有卢梭的受迫害情结,也没有爱尔维修的对平等地渴望。此外,边沁并不认同爱尔维修那些期待背后的政治价值。边沁怀疑,即使在全景监狱下,爱尔维修的教育规划也无法带来他渴望的那种平等:划一(IV,页65)。在边沁看来,这个抱负本身就有点任意和专断的味道。划一是任意的,因为这种状态侵犯共同经验和共同理解。划一是专断的,因为多样性是普遍幸福的唯一条件。如果存在对多样性的宽容——甚至呼唤多样性时——功利是完美的道德规范和立法的依据。边沁知道,容忍多样性需要政治权威和法律,不平等当然就会随之而来(IX,页81)。

尽管如此,边沁总体上仍然受惠于爱尔维修。边沁自己大方且常常承认这点。爱尔维修使心理学的重心从知识转到权力研

---

① Halévy,《哲学激进主义的兴起》,前揭,页193。
② 边沁并不是想要使得责任无法成立。他只是认为,彻底改变人的欲望的政治不具有操作性。

究。边沁跟随爱尔维修,步入后者开启的社会心理学领域。他进入了一个霍布斯(出于许多相同的原因)早些时候已经踏足的一个领域。

二、边沁的社会心理学

[40]霍布斯接受了自然主义的基本定理:"自然本身确乎往往是在把某些真理推给人们,事后人们如果超乎自然限度之外去寻求什么东西时,他们就会在这些真理上摔一跤"。他这里指的是有关欲望和嫌恶的真理。①《利维坦》也许是要求自省的首封邀请信,也是最重要的一封。霍布斯要求进行探索人心;边沁(这位时代之子)要求进行心灵的探索,虽然当边沁直接与立法者对话时,他也会鼓励他们"研习人心"(I,页 35)。无论如何,他们不是在探寻观念的精神史,而是想要使得欲望和欲望的目标获得承认——边沁以一种令人耳目一新的非科学说法,将其称为心灵"不合适的组成部分"(I,页 219、214;V,页 598 脚注)。两人发现的不是纯粹的利己主义,当然也不仅仅是仁慈,其中还有恶意。霍布斯在《利维坦》前言中警告说,人的激情的目标很容易远离知识。人心的特征被"伪装、欺骗、造假和谬论掩盖并混淆"。②边沁附和霍布斯说:"幌子"遮盖了我们那些不适当的组成部分(I,页 218—219)。他们的这种揭示可能会带来羞愧感。越仔细地打量自己心灵的机制,就越会感到厌恶(II,页 478)。

尽管如此,从这位熟人这里也是收获颇多,尽管只有当心理学揭露的东西得到承认,心理学才会对政治产生益处。边沁比霍

---

① Thomas Hobbes,《利维坦》(*Leviathan*, Baltimore, 1961),页 119。
② Thomas Hobbes,前揭,页 83。

布斯更进一步,他将诚实(honesty)提升为最重要的(如果不是唯一的)德性。他如此看重诚信(veracity),故而为他原本"自然的"侵犯区分增加了"欺骗罪",并承认这将他的整个感觉体系"弄得有点乱"(I,页105、98)。对边沁和霍布斯来说,诚实在于承认自己的意愿,特别是恐惧这种"需要处理的激情"。揭示首先在于自省,而非像爱尔维修那样在于反击攻击者,但是它的目的依然完全是政治的。霍布斯认为,诚实甚至对于理解权威的可能性也是必要的。自省带来的发现激发了服从。在边沁看来,这对于法律秩序,特别是对于功利立法来说,都很必要。边沁并没有提出霍布斯那个更为深入的问题:"政治社会究竟如何得以可能?"他从没有觉得,有了诚实,秩序就会必然来临。他只是认为,在没有秩序的时候,诚实会引导人们,用反抗代替阴谋,并会明确表明不赞同的理由(IX,页37)。诚实是功利立法的前提条件,因为功利将欲望作为自己的唯一内容。最后一点,司法完全取决于诚信(II,页210)。

　　反省以及必须与反省相伴的个人品质,反映出边沁与霍布斯的一个相同之处,并将他的心理学区别于洛克式的知识心理学:他们都确信,除非从其结果来考察心理学揭示的那些欲望,否则心理学就没有任何政治意义。他们研究欲望及其目标,以获知这些欲望对其他欲望产生的影响,而不是研究它们的形成史。他们都强调自我保存的意志,都强调恐惧——我们主要通过恐惧来了解某个意志与其他意志的关系。他们都承认,从社会心理学的角度来看,恐惧和(它的对立面)安全,都无法与平等问题分离。[①] 霍布斯预料说,人"在心境平和时",会承认他人平等,因为每个人都能杀死另外一个人。这个洞见是自省的唯一目标。边沁从立法的角度

[①] 除了其他的一些意义外,心理学所揭示的动机的普遍性反驳了贵族文化。

来考察这些问题。边沁好奇的是,害怕与其说象征着人本质上的平等,不如说象征着人的不平等。人并非一样的害怕。边沁认为,意志并不仅仅想要避免死亡,而且也致力于保存某人的社会性自我。意志反抗对自爱(*amour propre*)的任何损害,其中最重要的是预期的破灭(I,页 54)。不安全(insecurity)和不平等如同社会本身那般千变万化,而不安全则恰恰是某人社会地位的衡量标准。虽然社会心理学由此判定,安全和平等问题不可分离,但是哪个处于优先位置是毫无疑问的。对霍布斯来说,恐惧的普遍性以及随之而来的对安全的欲望是政治秩序的原因,而平等与采用何种权威形式毫不相干。对边沁来说,确保预期是法律的首要目的,平等排在第二位。

  边沁像霍布斯运用恐惧那样来运用不安全,并不特别说明不安全的对象,也没有说教般地提及某个的政治目的。如果对死亡的恐惧这项激情,驱使人们走向和平,那么国家就可以说拥有一个自然的、普遍的基础。① 如果像边沁所认为的那样,不安全才是最大的痛苦,那么法律的唯一目的就得到了证成,因为解决安全问题就是法律的全部任务,而且仅仅是法律的任务(I,页 307)。简言之,心理学确立了法律主义作为一种价值的基础,它也确立了法律体系的基础,后者的范围延伸至不安全所至的范围,后者的对象包括不安全的所有对象。法律体系的范围[42]可能无限,但是边沁与霍布斯一样相信,安全本身是有限的,是可能实现的。与此不同,在人类事务中无法实现平等。平等最多是一个附带价值,一个工具价值。当然,最伟大的社会心理学家卢梭持相反观点。他认为,没有平等就没有安全,因此他将平等视为最重要的政治问题。边沁的社会心理学反对卢梭的主张,将安全视为首要善:"平等不

---

① Thomas Hobbes,《利维坦》,前揭,页 88。

应当受到偏爱,除了在那些不会破坏安全的情况下。"(I,页303)不言自明,欲望和失望(disappointment)并不是相等的痛苦。确保不让人们失望,这项原则是立法者的"主要向导"(V,页266;III,页388—389)。法律考虑平等主要是为了将损失平等化(IX,页3;I,页306—307)。边沁承认,不平等可能会对安全造成威胁,因此法律秩序需要一定程度的平等。但是,边沁认为,法律主义还有比剥夺他人温饱的罪犯更厉害的敌人。第三章的主题就是"反法律的意识形态"。在这些敌人中,对平等地狂热欲望对安全造成了巨大的威胁。因此,霍布斯和边沁都运用心理学与下述观点交战,即:拒绝赋予安全在"人类感觉的谱系学"和政治思想中以核心地位。

两位思想家都认识到,死亡并不总被人们认为是最大的恶,不安全并不总被人们觉得是最大的痛苦。当不安全的恶不是不证自明时,自省就被当作解毒剂。简言之,心理学瞄准法律秩序最大的威胁:狂热(特别是宗教狂热),但是也包括其他一些憧憬。没有人比边沁对下述事实更为敏感,即:狂热主义否定所有伴随着关注死亡而来的温和观念。原因在于,它设想了当下与将来之间的一种彻底的断裂,狂热主义使得人们冒着死亡的危险,甚至招致死亡。边沁说,对于狂热分子来说,当下"仅仅是一个点",狂热分子展望未来并不是为了他自己,甚至不是为了这一代人,而是为了整个人类(I,页360)。这种人将远见推至极端。边沁的心理学主张,这种望见未来是非自然的且最终会弄巧成拙,以此来驯化未来。他与霍布斯一样强调,死亡标志着欲望的结束。欲望当然限于一个人的有生之年,限于那些构成人们共同经验和共同预期一部分的善。边沁从来没能澄清预期与幻想的边界在哪,他只是说,预期是社会经验的结果,[43]符合人的共同理解。不过,即使人们都抱有某些狂热的幻想,且这些幻想并不完全怪异,它们也必定会自我灭绝,因为它们限制了商业的常规回报(I,页5)。边沁称狂热主义为"苦行的",因为它似乎允许人们脱离付出与回报的正常关系。他出于几个原因聚焦经济预期:它们的可衡量、可比较的,它们是共同的、反贵族的,(如他的心理学所示)它们形成了对狂热主义的主要抵御。实现那些狂热的目的,将会摧毁商业社会。没有什么论证比这点更能对抗狂热抱负的魅力,特别是那些有关平等的革命目标。

这里的关键在于,自然主义心理学通过将未来缩限为日常预期,而成为边沁思想中的法律秩序的基础。边沁反复说,法律的目的是保障预期,而且他对于承诺功利原则能确立"积极善"总是慎之又慎(I,页102脚注;I,页304、318)。功利原则的直接派生原则是不失望原则(non-disappointment)。这是一项完全保守的原则,突出了边沁激进主义的特殊本质。功利主要是消极的;它反对狂热主义,"持续不断地划分这个地球"。而且,它反对习惯,反对抵抗变革。但是,由于功利基于自然主义,所以功利仅仅在现有预期遭到习惯的阻碍时才反对习惯。从功利的角度来看,预期和习惯(特别是普通法)之间的矛盾完全是一种取决于外部环境的问题。它们其实并不(像预期和狂热主义那样)完全互异,因为习惯不一定反法律主义。尽管如此,边沁区分预期和习惯的目的很明确,这个目的也并非微不足道。功利着眼于个体的预期,而非习惯,或普遍意见,或规则,因此它允许变革。适度引入一种强调安全的心理学很容易被人滥用。如果保障预期代替习惯成为法的依据,那么预期可能会变成诉诸祖先或古代惯例的心理等同物,它们看上去保守,却被用来长久维持政治攻击甚至将其扩大化。任何志向都可以被表达为保守,好似仅仅是要确保某些人的预期不会破灭。边沁发现,"节约"(economy)和"节俭"(frugality)仅仅被用来指保存,但是占据(acquisition)却"暗中偷偷地"挤进来了(I,页214)。边沁知道,这种滥用无法避免。最重要的是,[44]政治攻击不采用

第二章 立法者的社会心理学

修辞语言,也不承认狂热主义的革命抱负,这些都会使法律秩序变得不可思议。

边沁反对那些在他看来威胁法律秩序的东西,故而试图通过从禁欲主义图景那里夺回未来以驯化未来,并且为功利争取未来。在实践上无法控制的东西,在其他任何方面都无法控制(TL,页201)。禁欲主义的危险在于,它将当下化约为一个点,而"任性"(caprice)则对法律秩序造成了另一种威胁,而边沁同样运用心理学来突出它的危险性。任性是完全自发的。它将一切事情都定为当下。立法同样需要得到保护,以防止出现这种心理越轨(边沁称其为审美主义)。这个目标增加了边沁下述说法——他认为这个说法直接来自心理学——的重要性,即:幸福是快乐和安全(I,页14)。借助于安全,边沁将快乐并不必然包括的东西带入幸福这个概念中,即:未来时刻、远见或预见。边沁写道,安全"必然包含未来"(TL,页96—97)。霍布斯强调人们不断追逐的权势是指向未来福祉的当下途径,故同样认为未来时刻很关键;他进一步主张,自我保存需要预见。① 如果恐惧和不安全是最大的恶,那么未来时刻就必定是心理学的中心——尽管被小心地限于尘世的生活,被限于日常预期。

在边沁看来,朝前看的意向对人来说是自然的。预见带来的快乐和痛苦容易被人辨认出来。正是它们将人区别于野兽(I,页308)。在他所有的法学作品中,边沁都像立法者进言,恐慌与痛苦一样,都是恶。在许多情况下,只有对侵害的恐惧才能证成法律的严厉(I,页77;TL,页247)。边沁认为,作为一种心理现象,预期不足为奇,远见并不是什么惊人的事。边沁在任何时候都没有觉得一定要解释这个问题。这里再次反映出边沁并不关心洛克式心理

---

① Thomas Hobbes,前揭,页150、184。

学关心的那些问题。

洛克的《人类理解论》表明,"幸福在于快乐和安全"这个说法意义深远。这两种善相互间的关系并不稳定。根据洛克的心理学来看,两者起初是相互冲突的,而它们能共同存在于幸福范畴中是心灵的伟大成就。我们还记得,快乐和痛苦是朝向和远离持续的不安状态的运动,而洛克的目标是解释人们如何逃离此种感觉的专断控制。他的解决方法蕴含着短期利益与长期利益,[45]或快乐和幸福(包括远见和安全)的区分。但是,这个解决方法并不容易。为了调和快乐和安全,心灵的所有器官都必须调动起来。实际上,它需要"上帝的光"。

幸福包含安全,而财产则无疑是最常见的目标。洛克的《政府论两篇》展现了快乐转化为幸福的这个非凡之举。洛克在那里考察了,足够满足直接需求的占有到获得地产及地产安全这一转变。关键是货币的发明。上帝将这个世界赐予勤勉的人和理性的人。积累和富余是合理性的标志,也是人最热衷的享受。边沁并没有对此表示异议,但是他拒绝将富余视为道德上和理智上的强者取得的巨大成就(I,页309)。

边沁想必对快乐和远见之间的平衡很敏感,因为两者走到极端就是审美主义和禁欲主义。但是,就民法而言,边沁声称,远见是一种普遍而恒常的经验。有时候,他甚至将快乐描述为某项预期带来的乐趣,并将财产视为某种已有的预期。就此而言,财产完全是心灵的创造物(I,页19、308)。我们可以原谅他在这方面有些简单化,因为他关心的问题不是解释作为心理现象的预期,而是为下述观点辩护,即:有法的地方,确保预期(而不是只有快乐)必须成为法的依据。但是,随着论证的推进,边沁与洛克的差异会变得重要。

在洛克这里显现为一桩巨大的成就,在边沁那里却是寻常之事。边沁指出,匮乏(want)本身就会带来劳动和远见(I,页303)。温饱自然而然就会导向富余,这种富余"是逐渐形成的,由带来温饱的那些动机持续运作而来,在温饱与富余这两个目标之间不存在对立关系"(I,页304;IX,页1)。这个问题上最深刻的思想家卢梭,赞同边沁有关远见、财产和富余是同一回事,但是卢梭强烈主张,它们都是糟糕的、非自然的,都需要被消灭,因为他们会带来不幸。当边沁承认厌恶劳动是不证自明的时候,他与卢梭多了一份一致(I,页307;VIII,页598)。但是,边沁却接着反驳卢梭的洞见,并且在反驳中没有辩护自己的洞见。边沁忽视洛克心理学的精妙有一个借口,即:他们两人的兴趣点不同,但是边沁没有借口无视卢梭提出的洞见,但是他就是这么做的。边沁指出,温饱和安全[46]都"与生活本身一样"(I,页303),而富余是它们"不可避免长成的树"。如果劳动是痛苦的,那么原始的劳动就更痛苦。在法律出现之前,匮乏——携带着所有痛苦——要求劳动,提升勇气,刺激远见,促进人所有官能的发展。文明人与野蛮人的唯一区别在于,后者的劳作"不是那么顺利"(I,页307)。此外,只有当拥有满足欲望的权力时,欲望才会扩展(I,页304;IX,页7)。人不会被不可能的事情折磨。并不存在奢侈品和剩余物,因为人之所得不会多过人之所欲(斯塔克,I,页113)。边沁认为,节制并不是理性的产物,甚至不是怀疑主义的产物,而是匮乏本身的正常进程。他无视令洛克满意的那种高贵的心理学解决方案。他完全否定让卢梭难以忘却的不幸。他声称,自己的心理学具有此二人之世界的一部分:如卢梭所言,劳动和远见是痛苦的;如洛克所言,两者都是自然的。

边沁认为,法律将占有转化为财产,而(人们普遍承认)这是政治社会的重要目标。这并没有为政治思想贡献新的东西。但是,边沁小心地否认,这个过程在某种意义上是一项意义深远的转变。

此外,他那里不存在标志这项转变的契约(基本上没有自然状态)。原因在于,法律并没有为人增加某些之前不存在的东西。如果"法律本身做到了所有自然感觉无法做到的事",那也不是因为边沁持有一种法律教化论。法律并没有创造新的欲望。法律仅仅鼓励劳动和远见,这两者都是匮乏本身带来的(I,页307)。一种"强有力的、持久的预期仅仅源自法律:自然状态中的一根线变成了社会状态中的一根绳"(I,页309)。

确保预期的出现首先与财产有关,而保护财产是法律的事。通常,边沁都拒绝诉诸自然状态。但是,他在简要解释财产时,运用了这个意象。这个解释意在强调损失之痛,而不是贫困之痛,并且强调,不让人们失望是法律的主要目标。然而,财产与贫困的关系在边沁那里很清楚。他知道,讨论财产无法脱离社会心理学,即某人的幸福对他人幸福的影响。就社会心理学而言,普遍幸福这个问题,并不被理解为,拥有自主权的人欲求同一件稀缺物品这样一个问题。社会心理学承认,[47]某些人实际上决定了其他一些人的欲望,而且确定了这些人欲望的内容。社会心理学是对依附的分析。这个观念通过边沁的"服务"概念以及将所有社会关系视为相互服务这个做法,显现在他的作品中(TL,页197、187;I,页470;OLG,页57—58、60)。边沁认为,服务的普遍存在是不证自明的,他也没有解释依附和社会隶属的起源。服务——犹如霍布斯理论中的权势——无限多样且像幸福一样多变(IX,页12)。法律正是将服务形式化为权利和义务(III,页179—180)。关于边沁思想中的法律体系的范围(确实是无限的范围),这个法律体系基于确保服务而不仅仅在于确保财产是最好的证据。但是,与此同时,边沁的社会心理学不同于其他人——特别是卢梭——的地方在于,他强调那些典型的经济关系。当他攻击贵族统治或法律职业时,他确实处理了依附和屈服的不同形式和手段。第三章和第六章将会讨论这其中的某些手段。但是在谈到民法时,边沁总是牢记着对平等的狂热意向,这是安全的主要威胁。为了抵挡这种意向,边沁将财产和贫穷问题处理为不予责难的"问题"。在边沁论经济和民法的作品中,甚至在谈及最不平等的经济关系时,他似乎也表示,这些关系是非压迫性的。简言之,他在讨论财产和贫困问题时,尽量远离阶级分析。

卢梭有关财产的分析则大为不同。他强烈指出,所有的收获和富余都只是少数人的,而且更重要的是,所有的富人都依赖于其他某些人的贫穷,甚至基于这些人的贫穷。根据卢梭的社会心理学,所有的快乐都以其他某人的痛苦为代价。卢梭提供了一个有关普遍不幸及其不可阻挡的进程的惨痛视野。边沁在他论述财产的作品中无视这个问题。他否认,某人需要为不平等的经济依附关系负责,而且他不接受那种必然会得出依附这种最强烈的痛苦的心理学。他承认,富人确实与贫穷有关,但是富人并不依赖于贫穷,贫穷也不是他们造成的。贫穷仅仅是人类的原始处境(I,页309)。虽然所有的痛苦都来自于贫困,但是某人并不拥有的东西并不一定就构成匮乏(I,页19)。① "如果是那样的话,所有人在自己没有获得的东西上都将体验到这种痛苦,痛苦而且有无穷无尽的原因会造成这种痛苦,每个人都会发现,自己处于[48]无无止的悲惨状态中。"(I,页307)卢梭就觉得人就是这个处境。边沁则继续说,也不是贫穷带来了富余。富余是法律带来的结果:"没有法律,就没有安全,也就没有富余,甚至无法确保温饱。"(TL,页109)边沁毫不犹豫地拒绝贝卡里亚(Beccaria)的看法,即财产权是一项

---

① 边沁承认,无占有(nonpossession)具有一种恶,但是他否认这是一种被感知到的贫穷。或者说,如果它被感知到,那也仅限于个体。它非常不同于害怕失去,后者是广泛的、普遍的,边沁称之为惊慌(I,309)。

"糟糕的权利,也许没必要存在"(I,页309)。

根据边沁的"心理病理学",财产权是必要的,财产权并不糟糕。因为法律创造财产,可以帮助那些依然处于原初贫困下的人。他们或多或少享受了文明社会带来的好处(I,页309)。边沁认为,原因在于,富余是普遍温饱最可靠的保障(I,页360、309)。在一个经济关系的"无限复杂"制度中,大多数人的温饱来自于整体财富(I,页311)。穷人也间接地从财产安全中获益。比如说,对于如何通过遗嘱分配财富做出规定的法律,可以保护父母谨防不孝子女。这些法律会普遍地影响风气,即使那些没有留下任何遗产的人也能从中获益(I,页337)。边沁可以像洛克那样说,只有个体利益是唯一真正的利益,并与此同时不承认这种立场给卢梭造成的那种痛苦,因为他确信,通过保卫个体利益,人类总体上将得到保护。解决温饱的原因就是造就富余的原因,"那些以奢侈之名,谴责富余的人永远不理解这层关系"(I,页304)。没有安全,没有安全促成的富余,唯一可能的平等只能是"平等的不幸"(I,页307)。

并不是说,法律与平等没有任何关系。显然,与法律和自然的关系相比,法律和平等的关系更紧密,因为功利原则要求确保所有人的温饱。但是,边沁并没有太强调这个区分。他在这里强调——他在分析制定法律以保护财产时也是如此——自然与国家之间具有连续性。从法律上确保温饱的好处显而易见,但是对于边沁来说,法律主义是一个程度问题,事关法律服务的政治价值,并不是一个无条件的状态。因此,他指出,要求基本温饱并不是无条件的,因为即使在文明社会,饥荒或经济衰退也有可能会反对提供普遍温饱(II,页534)。边沁通过这点来指出自然和国家间的连续性。他还通过指出穷人通过劳动换取救济这点来表明这种连续性(VIII,页401)。另一方面,边沁小心地解释,温饱

[49]确实是法律的任务。功利原则建议,通过直接的国家行为或国家许可来确保温饱。即使这项建议像其他建议一样,都是依情况而定,但它并不等着国家之外的其他机构先采取行动,或借助这些机构的行动。边沁并没有主张,国家为穷人提供生活物品就代替了家庭。他并没有想让公共救助代替自愿的仁慈。[①] 他将提供温饱的法律形容为仁慈的理性化[②],但是这些法律的依据并不是同情(I,页315—316)。功利就要求普遍温饱:很简单,最糟糕的不幸就是死亡。因此,功利区分了贫困(indigence)和贫穷(poverty),前者是指无法维持温饱,后者则是与富余相比(III,页228;I,页316)。完全贫困肯定比被迫"做出捐赠"带来更多的悲惨(I,页316)。边沁的心理病理学为如何评估捐赠提供了一些原理(I,页304—307),虽然他大部分有关税收的讨论都不直接涉及再分配问题。但是,他承认这些原理的局限性。虽然这些原理比立法者可能运用的其他估算法好得多,但是边沁提醒说,并没有哪部论著充分讨论了,如何评估为了救济贫困而进行的捐赠和分配(TL,页133)。边沁还就下述做法提出了警告,即:宣传一种不具体说明其成本、执行机构以及相关程序的"温饱权利"(II,页534)。监管是边沁主要关心的一个问题。边沁有关救济乞丐的方案就尤其关注管理问题。

边沁有关温饱的思考首先指向两个问题。这些思考表明他对于国家行为的范围、这些行为的统一特征以及具体实施细节感兴趣。这里更直接点的是下述事实,即:边沁有关提供温饱和分摊成

[①] 但是比照边沁自己的贫民救济计划,很难看出,还有哪些部分是留给自愿的慈善活动。边沁的强制济贫院计划将会完全消灭乞丐的"强行索求"行为、未许可的小贩诸如此类(VIII,401)。另一方面,由于国家仅仅确保温饱,慈善可以去处理更宽泛意义上的贫穷。

[②] 边沁反对将照顾穷人得事交给慈善,不仅是因为分发的救济具有随机性,而且因为这种分发本身就不公正。边沁特别指出,慈善主要是依靠人道。

本的论述将"谁为贫困负责"这个问题置之不理。边沁竭尽全力否认,贫穷是一个阶层对另一个阶层做出的不道德行为。例如,在他有关纸币和通货膨胀的小册子中,边沁为国家银行洗刷罪名,虽然正是由于这些银行发行货币的行为导致了价格上涨,并加剧了穷人的不幸(斯塔克,II,页434—435;斯塔克,III,409—410)。此外,他否认贫困的责任在于穷人。他写道,造成贫困有各种原因,以各种方式出现,毕竟人们的生活依赖于他们的劳动。意外、"商业革命"(包括经济衰退)、全国性灾难、疾病和[50]年龄,而非仅仅是懒惰或挥霍,都是造成贫困的原因(I,页314)。法律也许可以提供温饱。这种法律仅仅在"有限的意义上"是反对勤勉的法律。最好的法律制度也无法防止"无法避免的挫折",而经验表明"人类的审慎并没有那么完美"(I,页314—315)。① 下述说法并不对,即:贫穷的惩罚只会落在有罪的人身上(I,页314;TL,页133)。边沁的表述似乎不将贫穷视为一种犯罪。② 由此,法律必须不仅要提供温饱,而且要补偿挫折和灾难带来的损失。毕竟,将失望最小化是法律的任务,而边沁与他同时代人一样,对保险金和赔偿金方案很感兴趣,这些在他的作品中就是社会保险(VIII,页410—413;I,页306—307)。因此,法律在这方面与平等有关:当平等存在时,法律保护平等;当不存在平等时,法律规定温饱的平等。

---

① 边沁明白,起初造成贫困的那些经济方面的意外事件也许会干扰后续的救济。他有关贫民救济的计划想要实现济贫院的自我供给,抵御市场的不稳定。参见 Charles Bahmueller, Jr.,《偶在性的终结:边沁论贫穷》("The End of Contingency: Bentham on Poverty"Ph. D. diss, Harvard University, 1975)。

② Gertrude Himmerlfarb 在《边沁的乌托邦:全国慈善公司》("Bentham's Utopia: The National Charity Company"),见 *Journal of British Studies*,10(November 1970),页80—125 中认为,边沁的贫民救济计划将贫民当作罪犯。穷人被强迫为了获得救助而劳动,但是边沁并不认为这种一种惩罚,因为其目的既不是为了阻吓他人游手好闲,也不是为了报复。与此不同,边沁的经济著作的编者则认为这些手段是进步的。(斯塔克,I,页13)

第二章 立法者的社会心理学

这里特别要注意的是,对于法律制度的哪些内容来说,功利是依据。功利对温饱和贫穷之间做出的区分是为了确保温饱,反对绝对平等的想法。它并不是意在全面禁止采取法律手段以保障经济生产或缓解贫穷,而边沁当然不是对贫穷的不幸没有感知。国家不仅仅维持温饱。边沁认为,国家将贫穷视为现代社会的重要问题。国家应当探究贫穷的原因,并采取预防措施和救济措施。功利的原则要求国家采取行为,而国家的"统计功能"就是一项积极举动。边沁推荐了处理饥荒(囤积粮食和价格控制)、失业、价格上涨及其他问题的措施。我们这里不考虑这些建议的好处。我们想要指出的是,法律制度的调整范围以及支撑法律制度的机构在边沁的经济著作中说的都很明确。简言之,国家应当有所作为,而不是毫无行动。①

为什么除了确保温饱之外,功利还对平等感兴趣?边沁在他的经济著作和民法论著中给出了两个论证,强调点有所不同。首先,温饱本身就要求关注平等。边沁说,最有利于普遍温饱的财富分配方式,使得最富有的人与最不富有的人之间的差距较为"固定且不易察觉"(斯塔克,I,页116)。边沁的养老金计划的一个目的就是,让国家鼓励穷人存钱获取利息。边沁曾说节俭是一个德性问题,但是在他心中,节俭其实也与不平等有关(斯塔克,II,295脚注;I,页314)。鉴于[51]温饱和富余之间具有牢不可破的联系,促进平等也许是也许不是法律的任务,取决于何种行为最有可能创造生产必需的条件。国家是否行动或是否许可行动,国家是否支持或不鼓励垄断(举例来说),这些问题都取决于实现富余所必需的条件,而边沁特别关注发展工业的必要,《为高利贷辩护》表现了这点(斯塔克,I,页121;斯塔

---

① 通过奖惩促进社会的幸福是"政府的工作"(斯塔克,I,页35)。

克，III，页52）。① 在任何情况下，国家的经济行为（与国家的所有其他行为一样），都是通过效率来衡量。边沁认为，在大多数情况下，必要性只会要求国家消除经济发展的障碍。但是，创造富余的条件是法律的任务，而且，读者显然觉得我们很难证明，边沁在国家干预问题上有些教条主义。②

边沁有关功利关注平等问题的另一个解释有所不同。这个解释是说，为了消灭狂热主义，必须降低不平等。边沁认为，安全随着富裕而增加，而不平等是富裕无法摆脱的伴生物，但是安全并不与不平等同比增加（斯塔克，III，页327）。边沁写道，有一个阶层为了自己的温饱，向其余人发起战争（斯塔克，I，页110—111）。这个事实表明，提供普遍温饱远远不够。边沁提出的养老金计划，他在自己的全国慈善股份公司中发行小额股份，对此的一个说明是，这样就会使得"不那么富有的利益团体"，"从支持……政府中，获得明显好处"（斯塔克，II，页205、57、296—298；III，页145；VII，页370脚注）。安全和平等的关系并不稳定，而安全显然占据首要地位。不能通过扰乱财产来减少不平等。边沁会维持所有一切现存的分配，而他心里很清楚，这些分配是多么的多样，多么的不平等。但是"当安全和平等对立时，我们不能犹豫。必须放弃平等……实现平等是一种幻想：唯一能做到的只是减少不平等"（I，页311）。在努力实现平等中，只要犯一个错误，就"可能颠覆整个社会秩序"（I，页302）。造成的扰乱将是致命的，因为不安全将使得人们完全垮掉，使得他们不再投资生产性资本（I，页310）。更

---

① 大多数时候，支持或反对国家行为的论证都严格从个体幸福的角度出发。虽然，边沁偶尔会愿意运用政治经济学的修辞，而平等被表述为一个国家生产和国家实力的问题。比如说，他的穷人救济计划涉及国家经济和国家防卫（VIII，页368、382）。
② Halévy，《哲学激进主义的兴起》，前揭，页116—117；Stark，I，导言，页52—55；Stark，III，导言，页32—33、39—43。最近的是 James Steintrager，《边沁》（Bentham, Ithaca, 1977），页62—76。

为重要的是，当前人们将平等作为目标的那种意向会使得最终的结果是致命的。边沁认为，减少不平等对于防止失序是必要的，但是要求平等恰恰是狂热主义在当前政治中的表现。

[52]这种亲近平等的意向提出的最强烈的要求是，立法者必须首先将平等而非安全作为目标。这种意向是一种狂热的意向。它带给所有实现平等的努力以一种特征，此种特质完全不同于救济贫困或其他具体不幸的政策所具有的特质。这些政策总是可纠偏的。但是，对平等的欲望来自于对财富的嫉妒和气愤。它根本上是一种复仇欲，无法得到满足且无法予以纠偏。因此，实现平等所必需的手段，不承认适可而止以及程度之分（I，页362；IX，页14）。边沁警告说，"可以想到的最大限度的平等"只存在于物理世界。人与人之间，可以想到的最大限度的平等是同一和划一，必然总是不完美的。特别是就财产而言，平等使得"对地球持续的新划分"成为必要，且导致持续不断的革命。平等与生产活动相对，实际上与所有法律秩序相对，而且，对平等的渴望会摧毁商业社会。在边沁脑中，对平等的欲望代表回归野蛮。他引述说"他们身前是城市，身后是沙漠"（I，页312）。因此，在边沁看来，对平等的期望甚至不同于罪犯对劳动的厌恶。它是搬起石头砸自己的脚，因为当富余无法实现时，就只剩下不幸了。而且，它是纯粹的攻击。这是边沁著作对卢梭可怕的心理对称学的一个诠释。根据卢梭的观点，某人的痛苦带来了（实际上构成了）其他人的快乐。边沁写道，对平等的欲望是一种嗜血（I，页321）。

虽然边沁曾说安全和平等能够调和，但这种调和也不是道德上的调和：立法者并不是再造国民的教育者。法律并不是戒律（OLG，页11）。因此，立法者并不教导所有人热爱平等，以顺利确立平等。"立法者并不是人类心灵意向的主人；他仅仅是它们的解释者和服务者。其法律的善取决于这些法律符合普遍预期"(I,页322)。此外,边沁承认,这些预期带有不平等。面对这种承认,卢梭设计了乌托邦来表明,人们付出了哪些代价。边沁仅仅提出了他《无负担的补给》这个提议,即通过对特定遗产征收高额税来减少不平等。实际上,遗产强迫充公这个提议,与其说是解决了安全和平等之间的冲突,不如说是承认了,对两者的调和具有一定的局限性。根据心理病理学,减少不平等的法律必须"等到结束一切希望和恐惧的自然时间点,死亡这个时间点"(I,页321;TL,页122)。[53]遗产强迫充公本身使得平等能够与富余一起来塑造安全和温饱这条"无法回避的路线"。它们的调和无论如何都不是道德意义上的,甚至不是马上可操作的(斯塔克,I,页287)。但是,这种调和在心理上是有可能实现的,而边沁给予了这种可能性以应有的重视。

安全是法律的主要目标,在边沁脑中,安全不仅先于平等,而且先于其他所有目标。他多次建议,应当实施他自己设计的新法,但是这些法律的生效时间却被推迟得"较为遥远"(I,页291 脚注;斯塔克,I,页287)。比如说,他的《宪法典》是如此的新颖,将其公布也许会妨碍共和政府的制度,而边沁也没有指望能够看到他的提议被制度化。边沁似乎在这方面,对这些改革的缓慢进展没有表现出遗憾。他不会要求自己的作品有什么结果,如果这些结果"由于掺入了不好的东西,从而肯定带有某些起于敌对意图的改变,或起于突然且没有补偿的财产转移或权力转移"(IX,页2)。由于边沁在没有哪个政府行为是完全好的这件事上最为坚持,他的病人免责声明反映了他的下述观点,即:在贫困的两种痛苦——欲望和失望——中,后者更为糟糕。令立法者高兴的是,"人类感觉的谱系学"告诉了他们如何在不同恶中做出选择。

功利的科学性与其说来自于它自称的精确,不如说是因为它基于自然主义(I,页16)。即使心理病理学的原理是正确的,立法者的计算是准确的,功利也不是万无一失的预测工具。功利察看法律的后果,因此是立法更好的依据,但是功利提出的那些要求基于某种并不比"通过类比……得出的大概且几乎随机的猜测"更为确定的东西(I,页291;OLG,页37)。边沁建议说,立法者仅仅是"通过类推"某项法律在确保预期方面的效果或引入某些新的"积极的善"方面的效果,做出"粗糙且几乎随机的猜测"(II,页402)。因此,功利推荐的所有法律都具有试验性(III,页321),可以被废止或予以修改。边沁赋予功利立法一个传神的称谓,捕捉它介于习惯与政策之间的地位:"可废止的永恒性"(OLG,页75)。边沁称立宪主义在"所有世俗主题中最为有趣",这是完全前后一致且富有洞察力的说法,因为立宪主义不仅试图限制统治者,而且想要结合永恒性的益处与可矫正性的益处(IX,页2)。

"预期"是边沁在习惯与"持续不断地划分这个地球"之间做出的妥协。可以说,[54]在边沁这里,当他首先用功利原则确保预期时,他明白法律制度的范围只能有多大,与此同时,他也承认自己推荐的做法具有怎样的局限性。他建议,安全第一,但并没有暗示,既有预期的起源或确保这些预期的结果与理性或德性有任何关系。将预期作为法律的基础,这项主张完全是,也恰恰是一种法律主义主张:人类能够建立一项总体行为规划。

第三章 反法律的意识形态

[55]根据[功利原则],立法意味着观察和计算;按照禁欲主义者,立法意味着狂热主义;按照同感和反感原则,立法意味着气质、想象力和趣味。(TL,页10)

边沁将功利原则视为立法的依据。他指出,由于功利重视个体的预期,所以它最有可能确保现代国家的法律安全,确保正常的行为方式。尽管他的个人抱负有时候显得有些过大,尽管他对功利的讨论常常显示出确实有些激进的乐观,但是没有人比他更为了解这项原则的具体限度。他知道,只有就功利形成的调和形成政治合意时(consensus),法律秩序才有可能。边沁对于达成合意的条件几乎只字不提。他没有许诺,功利能够创造这些条件或带来有关法律的一致意见。他唯一确定的是,立法要能够提供有效的安全,这种安全所依赖的合意就不能基于要求或基于假定,而必须在眼前实实在在发生。换言之,法律的存在、法律的公平以及法律获得的一致意见,都归功于某些可辨识的人通过政治上的努力来兼顾多样且不断变化的欲望。功利提供了此种清晰性。功利诉诸公共判断并请求公共判断在立法中做出赞同。功利促进服从。

(I,页161)

功利不能确保有关法律的一致意见。但是,功利却设定了人们赞同或不赞同的理由(I,页287、291;II,页496)。功利给予有关法律的所有讨论一个清晰而明确的观点。它将所有政治问题基于"事实问题"(II,页495;III,页286)①。[56]简言之,人们依据功利来直接处理政治问题。边沁写道(I,页161),人格、古老、自然法、万民法以及其他数以千计虚构的术语使得我们远离了这个直接的方法。功利也许无法带来合意,但是它确实"消除了所有欺骗和狂热"(I,页161)。边沁明确表示,功利的主要要求是消极的要求;功利揭示了政治事务的主观性和狂热性。功利是反修辞的。

与之相比,其他那些立法原则(边沁脑中想着高级法标准)则是修辞性的。它们含糊其辞且常常内容不清。边沁并不否认,(例如②)自然权利在过去确实对政治事务做出了一些有益的贡献和自由化改进。但是,边沁一直都坚持下述立场,即:自然权利是一种"论证的匮乏",它们不利于真正的立法科学(II,页524)③边沁对自然权利的担心并不在历史方面或逻辑方面,而完全是一种当下的、政治方面的担心。现在我们可以理解立法这个概念了:人们制定法律以回应当下感受到的恶。因此,赞同自然权利这样的方案,就会赞同一些非常具体的措施(I,页303;II,页493—494、503)。通过指明某些具体措施与某个方案的相符来推动这些措施,是一种危险的政治策略。比"话语不当"所透露出来的问题还

---

① 边沁在讨论法理学的语言时,从"形而上学的"角度处理过这个问题。这也是 C. K. Ogden 的《边沁的拟制理论》(*Bentham's Theory of Fictions*,Paterson,N. J.:Littlefield,Adams,1959)的主题。
② 这里运用自然权利这个例子是因为,虽然边沁抨击拟制的目标前后发生了一些变化,但是他一直反对自然权利。参见《通信集》,342—343,他抨击自然权利的较早一处。
③ Baumgardt 在《边沁与当今的伦理学》,前揭,页404—406、310—311。

要麻烦,而且更为令人担忧。原因在于,当被用来推动立法的标准是一些修辞性标准,这些标准就会成为专制统治的伪装。自然权利"掩盖所有罪行——它们是恶人的盔甲——所有败家子的金库"(II,页524)。

回想一下这点很有益,即:边沁自称是一位18世纪揭示意识形态的大师的信徒。爱尔维修将最猛烈的攻击留给了教士,这些人以一种特殊的方式(依靠学识)运用权力。边沁学习到,观念是一种成功的进攻方式。他像爱尔维修那般,详细解说法律职业的自我服务型话语和仪式。他还在《谬论之书》中,对政治保守主义的动机和风格进行了分类。但是,说到高级法概念,边沁并不满足于揭示促成这种荒谬推理的动机,他更想要指出挥舞这些方案的那些人共有的意向,而非想着揭示诉诸自然法的每个做法背后具体的自我利益。① 边沁说这是一种专制意向。[57]本章将回顾他对这种专制意向的讨论以及这种意向的几种意识形态表现。

边沁对高级法的所有攻击还有另一个共同的主题:自然权利及其他所有高级法标准的支持者都不满足于功利致力于实现的那种合意。他们要求政治事务上的一致性(unanimity)(I,页9注释)。边沁写道,美国的《独立宣言》是狂热主义的产物。它由那些对自己赞同的标准"持有一致看法且强烈赞成"的一些人颁布(I,页154)。边沁承认,确立根本法的强烈愿望是一种"古老的幻

---

① 伯恩斯认为,边沁的政治偏好的真正变化是这样的:首先是他最早针对法律保守主义的谬误的非政治性论辩,然后是抨击革命民主制的谬误(直到拿破仑战争为止),再接着是抨击政治保守主义。但是,伯恩斯表示,在边沁的所有著作中,这三方面的例证都可以找到一些,而"个人同一性和某种连续性是存在的"。伯恩斯补充说,边沁针对高级法的一些论辩都不是严格逻辑上的论辩,边沁一并攻击了阻碍理性论辩的政治狂热主义和语言。J. H. Burns,《边沁对政治谬误的批判》("Bentham's Critique of Political Fallacies"),见 B. Parekh, ed., *Jeremy Bentham*:*Ten Critical Essays*,London,1974,页155。

想"。对于这种对普遍一致的渴望,边沁并不是完全不抱同情(II,页494)。但是,匮乏不是供给,饥饿不是面包,渴望自然权利的理由并不是权利(II,页501)。当边沁批判高级法标准混淆了"是"与"应当"时,他并不希望,我们在考虑法律的价值时搁置道德判断。毕竟,功利也致力于调和道德原则和法律。他批判高级法标准是因为,高级法标准坚持认为,当道德原则和法律之间不一致时,法不仅是恶法,而且根本就不是法,不具有效力。边沁指出,这是在有意混淆。这是在骗取人们的福祉(I,页269)。这种做法无法带来任何好处。原因在于,要求一致性的努力即使不导致非理性的默许,也会导致同样非理性的否认(II,页495、500、524)。法国大革命也许对边沁来说,"毕竟还是意味着某种良机"。① 它意味着成为某个具体方案的观众,使他将注意力转到代表和其他宪法问题上。② 最重要的是,大革命表明,自然权利是"刀刀见血的语词";大革命"通过一个现实写照来展现自然权利的含义"(II,页500、524)。而且,这种含意并不局限于革命性民主这个方案。所有高级法标准都是政治狂热和渴望一致性的证据。他们都构成了"语词的争斗"。

只有功利假定并接受了异质性,边沁那个"繁忙时代"(I,页227)的一个特征。在这个时代,人们在判断、品位、科学、艺术、日常活动,"简言之,在叫得出来的一切问题上",都互不相同(II,页265—266)。功利将这种多样性作为起点来寻求一致意见,将不同种类和不同程度的人类情感纳入考虑。只有功利确实做到了"常

---

① J. H. Burns,《边沁与法国大革命》("Bentham and the French Revolution"),见 *Royal Historical Society Transactions*,16(1966),页95。
② 边沁是否在大革命之前坚持民主价值,还是在1809年与詹姆斯·密尔熟了之后才持民主价值? 对此,如哈列维所言,人们普遍赞同,大革命促使他考察民主代议制,至少是作为理论问题来思考。特别可以参见 Burns,《边沁与法国大革命》,页95—114。

识"这个修辞方案假装要去做的事情:分享权力(I,页8注释)。[58]一言以蔽之,功利愿意达成和解。在边沁那里,功利最好被理解为(甚至只能被理解为)一种对一切不愿进行这种和解的狂热意向和政治方案的抵触。

边沁指出,功利原则最有可能建立法律安全。此外,边沁称赞功利原则为政治提供了一项新的人道价值:效率。但是下述这点怎么强调也不为过,即:如果没有宽容,安全和效率都不可能实现,也不可能具有特别的价值。宽容也许是那些采用功利原则的人所具有的个人品格,但它确实是功利的实践结果。但是,无论宽容是一种意向,还是功利创造的一种状态,宽容与功利的关系在边沁脑中都非常清楚。例如,在率真(truthfulness)这个重要问题上可以看出这点。诚实和公开在边沁政治思想中扮演核心角色。率真是"我们存在的一个要素","对我们来说,如日光那般必要"(I,页78)。边沁指出,所有人类社会都依赖于率真,因为我们的所有判断都依赖于对他人的观察(I,页78)。如果法律秩序要想在现代社会盛行,必须要有诚实,因为功利从欲望那里获得内容,还因为司法活动所必需的证据依赖于诚实。虽然如此,边沁还是坚决强调,如果公共头脑"感染了不宽容的毛病"(IX,页53),那么就不应当鼓励率真。他反驳宗派主义的主要论点是,宗教争议会鼓动人们发布错误的宣言,允许某些享有特权的人信口开河(I,页565)。不宽容仅仅在开始时限于宗教。它会延伸至政治和品位的所有问题,延伸至所有那些的独特风格(IX,页53)。①边沁知道,迫害不见得要诉诸暴力才有效,"秘密迫害"在几乎所有地方都会发生。民事处罚、丧失政治能力、威胁性法律都"为某些人创造了一种屈辱的处境,这些人的安康完全依赖于一种默示

---

① 边沁特别提到了对多种性取向的不宽容(IX,页53)。

的放任以及持续的宽恕"(I,页565)。只有当宽容去掉这种傲慢的名称时,宽容才真正存在,而功利是将所有欲望都予以平常对待的原则。简言之,正是因为功利并不排除任何偏好,所以功利才成为法律一以贯之的依据。功利并不看重一致性。功利不是修辞性的,不是专制性的。

边沁在《导论》第二章中介绍了审美主义和禁欲主义这两种与功利相悖的原则。如果边沁打算对道德原则作出详尽的解释,或说明分析道德原则的各种范畴,那么他的讨论就是不充分的。事实上,边沁解释说,他根本不会去处理道德哲学的关键问题。[59]他决定不考虑人类如何获得正当这个概念以及人们可以一以贯之地坚持哪些有关正当的观念。边沁将自己的问题局限为:人们如何能够向共同体证成他们的道德情感(I,页9注释)?他指出,功利是法律唯一一以贯之的根据。任何形式的政府,若想要为善并接受不可避免的多样性,就只能采用功利这项依据。严格来说,审美主义和禁欲主义根本不是与功利相反。审美主义并不是一项原则;禁欲主义则是"被误用的"功利。对边沁来说,两者代表了专制意向在坚持一致性时最常采用的形式。审美主义和禁欲主义的标志都是不宽容。两者都体现在流行的意识形态中,都得到了特定社会阶层的赞同。

边沁所讲的两种当代反法律意识形态的背后是审美主义和禁欲主义。禁欲主义反映了革命狂热主义的特征,这些人最热衷的政治方案是自然权利。审美主义反映了贵族制及其盟友的特征,这些人被反感改革之情所感染,他们的政治方案来自古典修辞。边沁也许是将这两种意识形态一同处理,并指出两者共同之处的第一人。当这些意向后来在极端无政府与极端反无政府中显现出来时,他的这些观察就变得人所共知。边沁指出,审美主义和禁欲主义都有意远离功利。它们都反法律、反现代。它们可能会被同一拨人轮流采纳。①

禁欲主义的原则看上去似乎完全与功利相对。禁欲主义为了减少幸福而赞同或反对某些行为。禁欲主义最纯粹的例子是自我折磨的僧侣。如果说禁欲主义并不总是以这种方式寻求痛苦,它确实放弃了通常理解的那些日常快乐和幸福。边沁承认,禁欲主义起初是一个哲学立场,"某些草率的思辨家"发现,享受某些快乐会带来不相称的恶。为了避免这些后果,他们完全拒绝日常快乐(I,页6)。因此,哲学禁欲主义很容易被描述为一种"被误用的"功利。边沁接着说,哲学禁欲主义的第二个特征使它进一步区别于功利。禁欲主义者通常都采取道德主义立场。不满足于戒绝快乐,他还将这些快乐拒斥为粗俗和粗野。禁欲主义者宣称,自己并不关心普通人感受的那些痛苦。或者,为了将自己区别出来,他确立了自己的快乐等级——被称为"正当"(*honestum*)或"适当"(*decorum*)——[60]从而将自己净化,去除"出身不纯的玷污"(I,页5)。边沁指出,哲学禁欲主义者都持有的态度是骄傲。骄傲表现在为禁欲主义者自觉的、教条的偏离功利。

但是,禁欲主义更多表现为实践中拒绝对幸福的一般追求,而不是体现为某种思辨教条。常见的禁欲主义,其通常的动机是恐惧。比如说,神圣惩罚的威胁使得宗教禁欲主义者不涉足那些吸引其他人的享乐(I,页4)。边沁是十足的启蒙之子,他解释了那种无知带来的对易怒之神的迷信恐惧。实际上,他对无知和恐惧间的关系持有一种包容性观点,而且用禁欲主义来形容那些由于不知道行为后果而产生的意向。因此,弃绝快乐不一定是宗教

---

① 边沁指出,布莱克斯通认为,原初契约这个概念可以用来促进服从或反抗。布莱克斯通的公式可以是完全保守的,也可以是完全革命的。当然,这个例子不适用于19世纪的知识分子,这些人在革命派和保守派之间变换。

性质的。边沁发现,当人们不确定其日常劳动能够带来日常收获时,人就会不再追逐快乐;财产没有保障必然会使得人们懒散、没有干劲。下述这种人都有禁欲主义这种意向,在这些人看来,上帝的道或这个世界的道就是无法让人理解。只要专断性(arbitrariness)掌控了所有可能的行为方式,恐惧就会盛行,随后则必然是麻木。禁欲主义与一种糟糕透顶的生活处境相伴。无知是能够补救的,人们也可以获悉经济不安全的原因并防止其发生。但是,边沁告诫说,并不是所有的禁欲主义都可以通过功利带来的良法、安全和常识来克服。革命狂热主义也是一种从禁欲的角度偏离同时代的那些价值,但是激发它的动机使得它无法轻易被回归世俗思量。

过去,禁欲主义的特点是恐惧和骄傲,现在,禁欲主义最恶毒的形式受到了骄傲的另一面——嫉妒——的激发。边沁指出,拒绝日常快乐的现代表达是"平等权"。嫉妒驱使人们主张这种权利。对平等的向往其实一种报复的欲望,一种拉平和颠覆的欲望(I,页361)。与报复一样,对平等的欲望没有明确的界限,肯定无法在法律中获得固定不变的体现。它与报复一样不顾及后果。它是自我毁灭的。边沁解释说,平等权与攻击财产不可分割地联系在一起。由于边沁不承认奢侈与温饱之间存在绝对的区别,他预见到,如果对于平等的狂热盛行,那么不久之后,就不会再留下什么东西可供分配:"所有一切都会被迅速摧毁。"(TL,页99)[61]对平等的欲望完全就是毁灭性的。它是禁欲主义。确实,革命禁欲主义具有独特的专制性,因为它想要否定其他人的快乐。它会强制一种(如果普遍实行的话)让所有预期都落空的标准。与之不同,僧侣至少将禁欲仅限于自己。

禁欲主义的动机多种多样,但是禁欲主义者都抱有一种特别的希望,这种希望赋予每种类型的禁欲主义以误用功利而非与功利对立的特征。禁欲主义拒绝日常快乐,而且它自称克服了期待这些日常快乐的心理状态。但是,它还是许诺可以满足它自己的快乐。边沁认为,通常,人们实施某个行动以实现他那些为了将来获益的预期。人们通过社会经验,形成这些预期,尽管他们试图获得太多的回报,但是这些回报也是为日常使用,大部分人都能理解。预期基于这样一种世界观,在这个世界观中,努力与回报之存在客观的、短期的、可预见的比例关系。与之相对,禁欲主义将付出与回报之间的一般关系视为一种专断的关系,完全不值得去争取。当然,它也期待回报,因此并不完全与功利相对立。禁欲主义者相信当下"仅仅是一个点",他们为了未来的快乐放弃当下的快乐。放弃当然是抛弃满足的一部分,但是禁欲主义者还采取了一种极为引人注目的未来观。这种未来观认为,回报在死后,回报仅仅在未来几代人,而且它许诺的回报完全不同于人们当下追逐的东西。最后,为了得到这种回报,并不需要功利所要求付出那些劳动,因为日常观察和计算都不在禁欲主义者的付出之列。简言之,禁欲主义是去政治的,它是启示论的。从这个意义上看,禁欲主义意向是有意要坚决偏离功利。

根据边沁的解释,禁欲主义是主观的、反社会的,最重要是反现代的。这些特征都使得禁欲主义无法成为法律的根据,但是这最后一点最为重要。宗教的、哲学的和革命的禁欲主义都具有这种反现代特征。无论禁欲主义拒绝同时代价值背后是什么目的,它都可能会建议中断日常事务,必定会导致日常事务的中断。当某些实验性质的共同体试图改造人以及改变人们的快乐时,就会出现这种情况。这些共同体显然是反动的。禁欲主义作为一项一般性原则也是如此,因为禁欲主义削弱自然财富的来源,"束缚商业"(I,页5)。革命狂热主义者特别会"越过"[62]所有的社会阶层、财产和工业(斯塔克,III,页86)。如果始终如一的贯彻禁欲主义,那么地球就会变成地狱。

在多数人看来,禁欲主义是完全自我否定的,且坚持禁欲主义的结果也是自我否定。它无法成为法律的一贯依据,因为它否定人服从苦乐的统治。边沁只发现了一个禁欲主义被运用到政府事务中的例子:斯巴达。他解释说,这主要是因为城邦安全的特别需要。① 但是,除去这种异常的、不可抗拒的目的,禁欲主义必定无法成为法律的依据。禁欲主义无视预期的力量。禁欲主义无法向共同体证成立法,因为没有什么可行的标准,可以用来重新安排人的快乐,或者是将禁欲推迟至将来某个无法预见的时刻,或者更糟糕的,将幸福完全保留给将来几代人。对大多数人来说,禁欲主义没有任何吸引力。它没有为人们当下的失望提供任何补偿。它无法被强制推行。

结合他在《无政府主义谬论》中对法国《人权与公民权利宣言》的攻击,边沁在《导论》中对禁欲主义的评论就有了额外的政治意义。他坚持认为,《宣言》是狂热主义的邀请函。当然,并不是反抗政府的所有人都是狂热分子,边沁为《宣言》的作者免去了这个称号。但是,雅各宾分子肯定是狂热分子,而且《宣言》是在说给那些具有这种特别专制意向的人听(X,页296)。革命狂热分子分享了宗教禁欲主义者的启示论视野、哲学禁欲主义者对同时代的价值的放弃以及这些人的骄傲。边沁认为,《宣言》的傲慢特别明显,特别是它宣扬的权利的普世性。不那么明显的是它的禁欲主义。革命狂热分子就是那种先知:为了人类,准备要无差别地牺牲,所有社会生活当下为他自己以及现在这代人所提供的好处(I,页360)。

与所有修辞方案一样,法国的自然权利宣言也是反法律的。

---

① 这一点预示了第五章的内容,边沁有关国家安全较为传统的想法。

边沁将他用来反驳所有高级法标准的论证拿来批评自然权利：修辞方案对真正的立法工作毫无贡献。人们"学着不去问"的那些问题必须要被提出来：法律到底处理怎样的侵犯？到底谁受到了伤害？谁得到了法律的帮助，以何种方式？财产权必须由法律加以限制，予以修正，赋予具体内容之后，才能确保人的占有物。在自然权利这里，边沁还要补充：自然权利[63]是特别适合革命狂热分子的口号，因为它们的效果是如此的具有毁灭性。它们被用来反驳同时代的价值，这些价值体现在既有法律中。自然权利的整个工作就是宣布立法无效。即使人们只是想用自然权利作为革命而非立法的依据，到头来也是一败涂地。它们还是毁灭性的。它们为开启革命提供了理由，但却无法为停止革命提供理由（I，页154）。它们没有为在废墟上建立秩序提供任何基础，因为它们坚持的那些希望，无法通过任何想象得到的法律实践来实现。只要存在政府和法律，自由权和追求幸福的权利就一定是不完美的（通信集，I，页342；I，页303、311）。特别是，一开始带来平等的拉平方式，无法通过某个想象得到的法律体系来维持。它只能通过起初确立它的那个手段——一支审讯人和刽子手组成的队伍——来维持（I，页312）。边沁长篇累牍地说明了，不可能实现自然权利的逻辑原因和实际原因。简言之，自然权利是一些修辞过度。它们并不注意后果。人们看不到它们的结局（II，页494）。主张自然权利的唯一可预见的后果就是持续不断的叛乱。

自然权利具有完全反法律的这个特征，并不仅仅是由于，自然权利所鼓励的荒谬推理以及此种推理付之行动所带来的后果。启发人们诉诸自然权利的那种专制意向也需要对此负责。革命狂热主义体现了一种专制意向，这点无可否认。当这种意向转化为政治行动时，它将是完全毁灭性的。对此，革命狂热主义是当时最好的证明。它是禁欲的。

与禁欲主义("被误用的"功利)不同,审美主义根本就不是一项原则。它是纯粹的任性。审美上赞同或不赞同某些行为,仅仅是因为某人乐意这么做(I,页7—8)。此人仅仅考虑他自己的感觉和品位,或他的"同情"和"反感"。边沁所讲的各种审美主义方案——包括道德情感、共同情感、自然法、理解——具有下述相同之处:它们都仅仅指向感觉,而非某个外部标准,来证成法律。它们不要求人们考察外部情景或考虑相关措施的后果。审美主义是一种完完全全的自发性。这也许就是20世纪审美主义所炫耀的那种纯粹的自我表达。假若这样,正常与疯狂之间的区分就模糊了,虽然唯美主义者的行为是另类的,一般是无害的。[64]边沁写到罗伯特·欧文(Robert Owen)时,他显然是这样来看待欧文的:他"开始的时候是一些水汽,结束的时候是一些烟雾……他造了一些小房子,让那些没有房子的人住进这些房子中——他把这个叫做成功"(X,页570)但是,大多数时候,这种用来证成行为和(特别是)立法的感觉是共有的感觉。国王詹姆斯一世非常反感阿里乌斯派信徒(Arian),烧死了两个人。边沁写道:"他得到这个满足没有费太大劲:当时流行的观念有利于此。"同样是这位国王,他也憎恨烟草,但是他不能把沃尔特·罗利爵士(Walter Raleigh)与阿里乌斯派信徒一道烧死,因为这种憎恨并没有那么普遍(I,页10注释)。

当然,边沁关注那些诉诸共同感觉和共同品位的做法。他承认,审美主义的方案与功利的方案之间不存在一种"公然的,更不用说持续的对立"(I,页8注释)。毕竟,同情和反感源于经验,而社会经验很少是独一无二的"凡以其人可能因其受苦的,一切人皆欲恨之"(I,页10)。因此,通行的刑事立法与功利推荐的措施较为接近(I,页10)。但是,审美主义和功利推荐相同的法律措施仅仅是巧合。两者的一致并不牢固。功利也从人的感情那里获得内容,但是它对同情和反感的考察是全面而详尽的,而且,它还将相关措施的情景和后果纳入考量。在立法问题上,边沁反复说,仅仅知道人们遭受痛苦还不够,立法者必须明确,人们因何遭受痛苦,必须预测什么法能够减轻他们的苦难。与之不同,审美主义引诱人们,在他们能做到的时候,展现造成自己不幸的原因以及补救方法。因此,审美主义并不探究"存在一定距离的、难以察觉的祸端"就一点也不奇怪了。边沁对侵犯的分类首先就是对这种主观主义的一种反制。审美主义完全远离功利的计算和细节的世界。它对这种无法与功利分离的"统计功能"不屑一顾,这就完全使得审美主义反法律。

审美主义的方案不顾实际的立法要求。边沁认为,这些方案与功利之不同还在于,它们表达了一种专制意向。审美主义性情倾向于严酷(severity)(I,页10)。当涉及惩罚问题时,当人们将反感作为标准时,这点就尤为明显。起初设定各种侵犯时也是如此。如果感觉本身就足以决定什么构成[65]一项侵犯,那么每一件小事(无论多么微不足道),见解和品位方面的每一种差异,都足以将某些人不仅称为敌人,而且称为罪犯(I,页10)。审美主义显然向往一致性。希望看到自己的感情得到普遍的强制推行,这个欲望是它的特征。从根本上看,审美主义是相信自己是上帝选民的那种人的一种意向(I,页9注释)。边沁坚持认为,立法者的德性也无法医治这种严酷。实际上,"德性"常常指引人们剥夺其他人的快乐,就像审美主义所展示的那样(II,页254—255)。普通的仁慈也无法减轻审美主义的严酷。边沁写道"需要一种非常开明的仁慈"(I,页375)。审美主义携带着不宽容,而善良品格和仁慈都无法纠正这种专制意向的伴生物。在大部分时候,宽容是那些采用功利原则的人才具有的个人品质,但是在任何情况下,宽容其实是某种计算意向实际带来的结果。这是功利的一项重要允诺——客观性以及客观性带来的和平。

边沁认为,只有当人们没有被要求遵守其他任何标准时,即不需要寻求意见一致时,他们才会诉诸他们的情感来证成他们的行为和法律。任性是所有享有不负责任的权力的人的特征。一直以来,任性是大多数既有法律体系的基础。虽然如此,边沁还是特别将审美主义与某个阶层和某一种法律联系在一起(I,页8)。如果说,禁欲主义是道德主义者和革命狂热分子所具有的意向,那么审美主义就是贵族及其盟友所具有的典型意向。审美主义是这样一些政治人的意向,这些人持有相同的看法,他们的政治讨论诉诸他们的共同情感。边沁以举例的方式论述说,光荣革命时期,英国贵族的情况就是如此。他们在那个时候成功地诉诸原始契约学说,因为"人们过于显著和普遍地关心遵守这些规则的问题,以至于毫不质疑用来支持自己论点的说服力到底如何"(I,页269)。

审美主义不仅听从感觉的建议,还听从品位的建议。这样一来,它就具有了政治方面的意义。在这个语境中,20世纪的那种弘扬个体自我表达的审美主义会误导我们,因为品位是识别力的仲裁者——贵族——的共同特征(IX,页45—46)。说审美主义可以成为法律的普遍依据显然自相矛盾,因为品位为贵族所独有。在品位问题上,[66]一个个人并不重要。边沁指出,"糟糕的品位"是一个熟悉的政治修饰词。在审美主义政治中,厌恶和政治对立无法区分开来(IX,页46)。此外,不错的品位在贵族那里意味着一系列特定的偏好。品位指向文化——即古典教育——赋予人的同情和观念。边沁拒斥一切古典的东西,在审美主义问题上,将布莱克斯通作为自己的主要对手。他这样选择对手表明,在他脑中,贵族政治的保守主义与法律保守主义之间存在某种关联。他将两者共有的专制意向称为审美主义。

在《政府片论》中,边沁的目的在于"使那些缺乏自信而一味赞同的研究者能够醒悟",对这些研究者来说,布莱克斯通是英国法和英国宪制的权威(I,页295)。因此,边沁接着解释了评注者那炫目修辞的逻辑混乱、无意义以及有意的模糊不清。边沁知道,缺乏自信和一味赞同不是那么容易就能够克服。首先,布莱克斯通的作品是评注。它的目的是帮助学生学习法律,而不是批判或改变法律。说到学习,功利的语言——逻辑和感觉的语言——就是没有相同的吸引力。至于功利的那些要求,也是同样乏味。边沁写道,功利的真理无法"将自己压缩为警句",而人却很大程度上"受耳朵的支配"(I,v,页236、232)。即使如此,我们还是能证明,布莱克斯通的修辞是一种自我服务,他的那些理念是为了促进法律职业的利益而设计出来的。边沁对于这点提出的批判,我将在第四章和第六章讨论。现在,更重要的是他的下述看法,即:有抱负的年轻人——即使"民主地区的"的年轻人也一样——会效仿贵族的品位和见解(IX,页45—46),并将布莱克斯通作为自己的偶像。布莱克斯通的修辞不仅仅是完全为邪恶利益服务的荒谬推理。边沁发现,修辞上的炫目并不仅仅隐藏这些利益,它们就是这些利益的一部分。在这里,修辞并不是完全工具性的。修辞不仅使得保守主义变得可被接受。修辞就是需要被保存的对象。审美主义的不同在于,它关注举止、表达和(特别是)雄辩——这些都是文化的标志。因此,一点也不奇怪的是,边沁并不总是直接攻击布莱克斯通的保守主义政治偏好,他也攻击布莱克斯通的古典主义。布莱克斯通"用学者和绅士的语言来谈法理学……[他]从古典学术的梳妆台上拿了许多化妆品,把法律打扮得非常漂亮。他引用许多引喻和隐喻使法律生色不少[67],然后再把它送到五花八门、甚至是最爱挑剔的社会人士;一方面是为了启迪他们,而更重要的却是给他们娱乐"(I,页236)。审美主义通过诉诸共同的品位并运用从古代获取的某些概念来证成行为。

第三章 反法律的意识形态

边沁说,贵族审美主义将雅典、斯巴达和威尼斯作为一切的尺度。布莱克斯通以典型的方式诉诸古典著作家和古典德性,以理解和接受英国法律和宪制。政治事务和政治讨论在这个已被接受的意识形态框架中展开。当下的秩序并没有被称赞包含了古代人推荐的那些德性,也没有被指责败坏了古典的卓越标准因而必须回到起点。但是,边沁指出,文化激发的品位和情感不足以理解和实践政治。立法问题尤其如此。即使当他指出人发生了败坏时,他也是持一种讽刺的口吻,而不是要说有悖于德性。他并不用败坏来指,某个理想的宪制混合或宪制均衡被颠覆。边沁同时攻击辉格党和托利党。他确实看上去持中间立场,而这个立场正是取决于审美主义这个问题。他似乎更鄙视那些大家族。王权运用"影响力"(边沁反对这种权力滥用),但是王权至少运用奖赏,诉诸人们的激情,特别是借助"招摇的野心",以使日常的国家事务得到处理。若不是由于这种"败坏的臣仆",政府事务将停滞不前,因为如果审美主义盛行——就像在乡村士绅那里——几乎就没有人关心政府事务了(I,页281)。人们从品格以及形式的保存这个角度来看待政治。绅士宣称自己热爱德性,宣称自己认为,品格决定政治秩序的性质。他们坚持,从这些角度来证成政治措施就足够了,包括像薪资水平这样的技术问题。① 边沁知道,审美主义以此方式利用古典概念,是因为贵族最感兴趣的是稳定。就此而言,审美主义远离了功利,并且是适得其反。这个世界没有什么是永恒的,人们必须像以前那样适应这个世界。古典方案最好地证明了,贵族制这个理想与当代政治经验格格不入。实际上,审美主义的第二个意识形态庇护所也表明,这个阶层不愿意面对变迁的必要性。

---

① 参见第六章,边沁对皮尔的警察长官提升工资的法案的讨论。

古典主义是审美主义方案的一个来源，当然，审美主义[68]在普通法那里也发现了有关稳定的语言和实现稳定的工具。边沁特意强调，痴迷于稳定——这会将人们的情感引向古代和普通法——并不等同于尊重传统或惯例。在英国，人们的情感附着于普通法，而普通法显然不等同于习惯或古老惯例（II，页 596—598）。普通法比经验多一些，比科学则差一些。边沁指出，普通法在这两个世界中都是最糟糕的。普通法的变化并不是集体经验的缓慢积累的结果，也不是来自于一项一贯适用的原则的演绎。普通法的变化无法预测，它们通过一个个案例形成。普通法就是无法提供习惯确保的那种确定性。普通法既没有成功避免盲目的一成不变，也没能避免那些专断的东西（I，页 161）。边沁以一种现在很出名的说法指出，这整个体系基于法律拟制这个独特的英国产物（IX，页 59）。在这个语境中，这些法律拟制的要点在于，它们秉持与古典思想相同的观念：对边沁来说，两者都因为基于对稳定问题的关注，两者都没能实现他们的目标。

拟制是故意为之的错误，但是主要困扰边沁的不是拟制的不真实。任何话语都需要拟制。① 比如说，人们永远不可能知道某条法律或某个司法判决是否适用于新的情况，人们最多只能通过类比来处理。立法是一种预测。但是，普通法更进一步。运用拟制来避免直接追问相关措施是否合适，这是审美主义惯用伎俩。普通法拟制的全部目的就是要避免权宜和变化。因此，法律拟制也远离功利。由于其主观主义，由于那些附着情感的拟制，审美主义使人们无法从世界上实际发生的事情中学习。结果就是，就算普通法致力于公共利益，而非法律职业者及其贵族同盟的特殊利益，它也必定脱靶或根本就射不远（OLG，页 194 注释）。当

---

① Ogden 的《边沁的拟制理论》，前揭，页 15。

然,边沁从不吝啬指明法律拟制所服务的邪恶利益。但是他还指出,它们没能成功地在现代国家中为某种利益提供一以贯之的帮助。

审美主义运用拟制来摆脱现在主要由经济人操作的权宜政治。审美主义为了努力确保稳定,通常诉诸的那些观念——包括自然法、原初契约、古代宪制——[69]都是拟制。边沁告诫说,政府本身就是拟制。政府并不在"那里",也根本不是绝对的;政府包括多种关系,这些关系与其他关系一样,处于持续的起伏之中并受制于无数的条件(I,页263)。边沁最中意的术语"拟制"的政治寓意很明显:拟制没有为政治提供牢固的基础。通过这些手段获得稳定完全是错觉。即使审美主义成功实现划一,而这些拟制成为普遍感情的对象,它也没有满足稳定的所有要求。原因在于,人们怀有超越服从(服从跟随政治划一而来)的其他政治目标。边沁写道,这个体制"避免相互争夺",但是这并不够(II,页597)。① 在任何情况下,拟制都无法使人们免于变化以及变化带来的政治争议。它们无法真正满足审美主义者为自己的情感找到一个固定目标的渴望。到最后,它们不仅是自我服务,而且是自我欺骗。实际上,两者无法分离,边沁说"正如一句老话所说的:利益铺平了通向信仰的道路"(I,页269)。简言之,拟制使得下述错误想法一直存在,即:只有当人们共享一个共同文化时,政治合意才可能实现。这个想法是专制性的,而且完全脱离实际。

边沁运用了18世纪人们熟悉的所有论证来反对严格意义上

---

① 这里并不必然要采取查尔斯·塔尔顿的立场,主张这些说法是针对统治者的策略,被设计用来使他们关心普遍利益。Charles Tarleton,《边沁政府片论中被忽视的策略》("The Overlooked Strategy of Bentham's Fragment on Government"),见 *Political Studies*,20(December 1972),页397—406。实际上,边沁是否总是认为统治者需要被告知他们的地位的不牢靠,这点是存疑的;许多事情使得他们地位不那么牢固,而他们自己的行为和政治方案已经表明了这点。

的习惯。人并不亏欠过去的集体经验什么,在法律方面,则更是如此:

> 我们不妨郑重地考虑一下,纵使在最太平的时期,法律的采用和废除也是常常屈居于十分卑微琐屑的情况……在大部分现存制度的诞生时期,人们的才智是多么贫乏;……绝不会像我们这位作者[布莱克斯通]一样热心于恫吓人们,叫他们不要把现在的"私人判断"和一度是"公共的"判断对立起来。(I,页231)

如果说审美主义为了将来透支了当下,习惯则"为了死人的想象利益牺牲了活人的实实在在的利益"。简言之,这并不是一种合乎理性的自利(II,页399)。尽管它们共有一些弊端,审美主义的政治保守主义特征与尊重传统还是相差很远,边沁用普通法来说明这点。审美主义的立场更容易被描述为"反感改革",而传统不过是被用来增强这种反感(OLG,页109)。布莱克斯通警告说,对法律的任何一点修改事后都会后悔,但是边沁指出,布莱克斯通本人也批评普通法。实际上,解释者并没有阻挡法律的变化,而仅仅是对法律进行了粗野而傲慢的审查(I,页230)。[70]因此,政治和法律的审美主义都更多的是将稳定与大众服从(其实是顺从)而非习惯联系在一起。边沁因其反大众这个特征而攻击审美主义。但是,他对审美主义的洞见比这样一个纯粹的政治指控更加精细。他认为,贵族制不仅仅与人民对立,它在两个世界之间犹豫不决(第六章将详细解释这点)。这个张力在贵族的政治话语和政治事务中清晰可见,在他们运用拟制时也都看得出这点。贵族制在鄙视人民(那些文化之后的人)与依赖于人民之间犹豫不决。审美主义的方案被用来掩饰这个冲突。首先,审美主义被夹在"稳定在于服从权威"这个偏见与"同意是现代政治的唯一基础"这个观点之间。举例来说,原初契约的拟制就会导致这种政治不确定。拟制契约的"主要好处"在于它既可以被用来使人们脱离权威,也可以被用来使人们服从权威。边沁在《政府片论》中指出,布莱克斯通的修辞既可以被用来鼓励反抗,也可以被用来促进服从(I,页286)。审美主义方案被设计用来避免直接面对政治问题。边沁对契约这个概念写道"人们更愿意相信他们自己有资格来评判,什么时候这样的承诺被破坏了,而不愿直接公开地对这一棘手的问题做出决定。当国王的行为与他的人民的幸福相抵触时,最好不要再服从他"(I,页269)。在所有情况下,审美主义者都是根据他反感人民多一些还是依赖人民多一些来决定"那些学着要去避免"的问题。审美主义是行使不负责任的权力的那些人的标志。禁欲主义是狂热主义;审美主义不是狂热,就是反复无常(capricious)。边沁还指出,审美主义的软弱、消极性和虚弱都没有使它的专制性丝毫减少一分。

禁欲主义与革命狂热主义(前者的当下政治表现),审美主义与厌恶改革,都是专制的意向,都是反法律的意识形态。边沁既反对革命民主,也反对政治保守主义,虽然边沁反驳两者的具体论证次序有待进一步的历史研究。[1] 但是,边沁一贯认为,这两种态度和政治偏好之间有一些共同之处。两者都存在荒谬推理的问题。两者都运用了一种不适用于细节,不适用于真实立法事务的修辞方案(I,页303)。在边沁看来,[71]法律的精神与法律的具体内容不能分离(II,页318—319)。法律和制度的现代化需要此种密

---

[1] 参见脚注4。目前还没有一部完整的边沁传记。James Steintrager,《边沁》(*Bentham*, Ithaca, 1977),对这些有关政治偏好的相关讨论进行了全面评述,并且从边沁的手稿中添加一些证据。

切的关注,而他主要关切的问题是现代化而非任何具体的政府形式。禁欲主义和审美主义代表了一种使功利主义的关切无法实现的专制意向。禁欲主义和审美主义反映下述这种人的特点,这些人为了能使他们推崇的政治价值获得一致赞同而坚持不懈。这尤其使他们持有反法律的态度。在边沁的所有著作中,他的主要主题都是优良政府。但是,他还不至于鼓吹强势国家这个概念,这个概念反对在效率层面之外,进行政治制度方面的任何比较。功利则重视个体的幸福,而只有当立法者的计算不排除任何一个人与任何一个欲望时,这点才有可能实现。支持改革是优良政府的一个前提条件,但并非唯一一个前提条件。宽容是另一个前提条件——宽容,或者至少是不存在某种专制意向。专制意向是自我服务的,最重要的是,它无法达成和解。禁欲主义和审美主义都是不肯通融的。

这两个意识形态中,边沁更关心审美主义,因为当时盛行的政治态度是抵制改革。但是,他知道,贵族政治的话语特征并不是当代政治的全部,即使当代政治是非革命政治。还有绝对主义的政治传统没有涉及。在审美主义试图予以模糊的权威和服从问题上,绝对主义这个传统的立场甚为明确。边沁与这个传统的差异并不总是其著作的焦点,但是这对他来说还是很重要。没有哪位国家理论家会完全无视有关主权的问题。边沁对主权的反思将是本书下一章的主题。

第四章 主权与法律

[72]拟制的时节现在已经结束了。(I,页 269)

一直以来,主权并不总是也并不仅仅是王权的一个特性。况且,国家理论家还将"主权者"这个头衔授予国家本身。国家理性依然被人们从传统角度理解为,统治者每次运用权力时必须遵守的一些实践规则。但与此同时,国家理性依然被某些人用来指国家的"意志",一种保存自己和将自己权力最大化的意志。依此视角,政府不同于国家。政府是组织权力以实现国家意志的方式。简言之,人们将自然主义从个体心理转到了国家—人格心理。但是,并不是所有国家理论家都为这个有点令人忧虑的思想做出了贡献,而边沁则是怀着极大的不情愿和小心谨慎做出了这种贡献。边沁更倾向于说"政治社会"而非"国家",而且它并没有一以贯之或目的明确地区分政治社会和政府。即使当他从工具性角度来分析政府,将其作为一种实现功利的技术时,它也不是统治者所运用的那种国家人格的权力。此外,边沁只在非常少数的情况下说,这是国家统治者意志的实现。边沁说,统治者是人民的仆人,这是在和"统治者是国家的仆人"这句名言对着说(IX,页 43)。边沁不将国家人格化的理由很明确:他想要强调国家的个人主义基础。他想要统治者特别记得,政治秩序由不同的且可变的个体间关系所构成。

[73]边沁认为,国家的道德地位受到下述两种同等的威胁:"拥有一个主权者脑袋的政治体"这个古老的比喻以及更为晚近的主权国家概念。边沁劝告说,权力并不是某种属于统治者人格的东西。他拒绝长时间以来有关刑法和民法的区分,而青睐分配法和刑事法的区分,就是在拒绝这种君主主权的残余(IX,页8—9)。但是,权力也不属于拟制的国家人格。权力是统治者与被统治者之间的一种服从关系。这种关系在所有事例中都是具体的关系,而且是完全可变的关系。边沁反对流行的自然状态与政治社会的对比,并指出政府并不是"绝对的"。政府也是由个体间的诸多关系构成。政府的存在和消亡与个体以及个体的具体行为有关。边沁写道,就不同的人与不同的物而言,人们可以被视为多多少少处于某种政治社会状态中。一种"服从习惯"的出现或缺失也许较难发觉(I,页263),而服从的意向每天都会发生数不胜数的修正和许许多多的变化(OLG,页18注释)。边沁的意识形态意涵明确无误:政府仅仅是为了个体的幸福才存在。他的话首先是说给政治人听的。他对这些人写道,共同体的利益是"构成整体的许多成员的利益的总和"(I,页2)。只要有可能,边沁就用社会关系的话语来形容政治关系:他说,政治服务仅仅是个体之间提供的多种服务之一。当然,他对政治活动的特殊性很敏感。正因为如此,他希望人们能记得,政治活动仍然是一种服务。同样的,他反对为了公共利益而牺牲个体利益这样"错误而模糊"的说法(TL,页145)。当他说甚至连统治者也不需要是仁慈的人时,他是一以贯之的。统治者的幸福必须得到考虑,而政府应当以采取某种组织方式能够为统治者的服务提供货真价实的回报。功利或所有国家的更高合理性,是统治者要求补偿的权利与臣民的幸福间具体互动的中间地带。依此观之,每个国家都

第四章 主权与法律

有自己的功利,但是边沁拒绝赋予国家以自己的"人格"。离开他对那些国家人格化相关的概念——"政治体"、"普遍意志"以及国家理论的核心概念"主权"——的处理,我们将无法理解边沁的国家理论。这些概念[74]都被有意地抛弃或进行了修改以符合边沁自己的目的(I,页2;II,页332;IV,页544)。"主权"在他作品中的位置将是本章和下一章聚焦的问题。

边沁拒绝将主权君主或主权国家的要求视为最高的要求。但是,主权这个概念并没有从他的作品中消失。虽然,边沁常常以不同方式诉诸这个概念,但是有两种主要的使用方法较为显著。边沁思想中,人民主权这个概念较为突出。他使用这个概念,使之发挥了传统上主权在国家理论中作为一个规范性理念所发挥着作用。主权想要使人们注意权力的特殊起源并证成权力的特殊本质——它的绝对性和革新性(innovative nature)。本章下一部分的主要观点是,边沁通过人民主权来提倡绝对主义,虽然他拒绝绝对主义的君主制形式。主权也出现在边沁的"法律是主权者意志的表达"这个法律公式中。他的命令理论是下文第二部分的内容。法律的命令理论为人所熟知,导致这种纯形式的、有限的主权概念与国家主权概念之间似乎存在较为牢固的关系,而且两者的目的似乎也一样。其实不然。命令理论只是基于逻辑理由才需要主权:如果法律被界定为意志的表达,那就必须存在一个可识别的、表达意志的人(person)或体(body)。与之相反,在国家理论中,主权并不是一个逻辑要求,而是一个秩序规范。

如下文将说明,主权并不是一个简单的想法。从历史上看,"主权者"这个头衔的实际目标是获得服从。[①] 那个时候,几种权

---

① Jean Bodin,《国是六书》(*The Six Books of a Commonweale*,Cambridge, Mass., 1962),页95。

威互相争夺最高地位，而运用权力的方式是通过法律，因此某个权威就主张自己在法律上全能。为了实现使人们顺从地方绝对主义（parochial absolutism）这个政治目的，主权提供了有关权力的起源和本质的理论解释。但是，法律的命令论仅仅假定政治地方主义（political parochialism），假定存在一位可识别的主权者。它并没有解决相互竞争的多方权威这个问题。它没有讨论权力的起源或本质问题。说的严重点，法律的命令论几乎没有提高我们对主权或法律的理解。它处理的问题是——它强调法律的渊源——法律的效力这个形式问题。虽然命令论得到那些重视服从、惧怕混乱的人的推崇，但是它并没有——像主权那样——被设计用来使权力的对象服从权力。毕竟，[75]法律的效力与被要求服从法律的人之间关系不大。边沁的命令论很典型的具有有限性和形式化特征。但是，他的命令论是针对法律职业，后者当然关心效力问题。边沁并没有利用命令论公式以回避法律或政治偏好的内容这个问题。这里，我将从边沁的国家理论这个语境中，考察他有关主权和法律的思考。边沁有关国家主权的讨论既不同于人民主权，也不同于其命令为法律的主权者，这将留到下一章来讲。

一、人民主权

边沁写道，主权的本质在于服从（II，页541）。这个说法有点问题，因为主权的本质其实并不完全在于服从。但是，它为我们讨论主权在国家理论中扮演的历史角色，以及在边沁政治思想中的命运提供了一个不错的起点。服从确实是君主绝对主义强化时期，国王的实践目标。主权是被用来实现这个目标的一个意识形态装置。主张主权并不是为了对抗个体的不服从或任何其他基于功利主义理由的反抗。主权这面旗帜主要被国王在与普世教会斗

第四章 主权与法律

争时挥舞起来,接着又被用来对抗一般意义上教权主义,即那些基于宗教理由发起的反抗。但是,主权并不完全与君权神授这个概念一致。每个权威都通过神授权利来主张自己的权力。人们都赞同,上帝要求人们服从所有已经建立起来的权威,而且,除了上帝,权力没有其他可以想得到的起源。主权提出的问题是:哪个权威最高?① 国王不仅要求神授的统治权利,而且要求拥有摆脱一切尘世上位者限制的神授统治权。主权者不是任何人的下属。博丹这位最伟大的早期国家理论家,将主权的特征表述为"最高的、绝对的且永恒的权力"。他的意思是,在尘世间,对于主权者的权力行使,不能提出上诉。主权者权力是一种原生性的上位权力,不是派生性的权力。② 对博丹来说,主权者并非在法律上无穷无限,但是主权者是无法抵抗的。③

没有什么比"拥有一个脑袋的政治体"这个为人熟知的形象更加生动地说明了"主权者"这个头衔的实践意义。一个脑袋这个需要,原本是一个政治需要。[76]博丹坚信,法国16世纪宗教战争造成的分裂需要一项整合性权力,而如果没有一位主权者的统治,这个秩序就无法运作。由此,在其现代用法的肇始,主权者就不可分离地与国王的人格结合在一起。国王的人格带来了对现代国家的发展较为关键的一个发明:"国王的和平"与刑法一致做出的、有关犯罪的人和无辜的人之间的区分。此外,国王的私人关系和意气相投,带来了另一项在现代国家中支配行为的关键性区分:人们作为臣民的地位与作为外国人的地位,以及作为外国友人的地位

---

① J. N. Figgis,《君权神授》(*The Divine Rights of Kings*, Gloucester, 1970),页14、165、238、246。
② Bodin,《国是六书》,前揭,页84;Alecander D'Entrèves,《国家的观念》(*The Notion of the State*, 1967),页101。
③ Bodin,《国是六书》,前揭,页84。

与作为敌人的地位。

　　构成主权语境的话语及争议都是宗教方面的,而且,主权起初必须是一个宗教概念,因为只有这样,国王才能挑战教权主义并要求绝对服从。边沁在《政府片论》中承认,主权依赖于"某种形而上—法律上的无效"或国民"中了魔"的信念。他指责布莱克斯通,后者通过为他本来功利主义的政府观加上一层"神学颜色",以支撑他对服从建制权威的偏好。布莱克斯通"从云端获取统治者的那些天资"(I,页272)。他希望看到人民顺从。但是,从历史上看,主权概念的宗教特征并不完全是修辞性的。它表明了反抗国王的不切实际以及反抗的不可思议。博丹有关主权君主的论证只是部分地基于,他有关国王本身就能够维持秩序这个政治判断。他的主要论证是神学论证。他认为,权力的等级和不可分割是支配一个神圣秩序宇宙的规范。它们应当成为政治领域的特点,就像它们是整个创世的特点一样。基于这个形而上学观,主权和国家在博丹那里变得无法区分。主权者将反抗的不明智上升为不公正。主权者的本质在于,没有最高权力,秩序就变得不可思议。它的意义并不仅仅在于人们是那么渴望和平或国王和平的强制性。在实践中,主权可以与国王的权力分离。边沁知道,主权与所有绝对权力的要求一样,是一种渴望。只有当主权的神学起源被遗忘或被模糊后,政治思想家才能将主权化约为一个组织问题,[77]有效集中权力于政府的某个部分这样一个问题。①

　　因此,从历史上看,主权的宗教特征并不仅仅是修辞。它是缓解(尤其是)教权主义对国王施加的限制这项任务的一部分。如博丹的思想所示,主权有一个神学基础,它是一个秩序规范。必须从

---

① F. M. Watkins,《国家作为一个政治科学概念》(*The State as a Concept of Plitical Science*, New York, 1934),页50。

这个角度来分析主权依附国王人格这个问题,因为这个关系也具有一个神学基础,也不完全是国王的实际权力这样一个问题。神授权利表示,上帝是政治权力的来源。主权进一步表示,上帝决定权力的本质,而且上帝是权力行使的原型。如果没有一种强调上帝意志的创造权的上帝观,主权就不可能实现。根据这个原型,意志是一种创始和革新的权力。国王的意志表达从多个方面模仿了上帝:因为国王不能犯错,因为人们不能对他的意志提出上诉,而且最重要的在于他的意愿具有创造性。主权与下述信条不可分离,即:通过其意志行为,国王能够正当地消除现有道德法和实定法的限制,而且他的这种行为并不完全是破坏性的。没有其他例子比边沁所说的那个主权行为更好的反映了君主统治的特征:他写道,仁慈是在模仿上帝(I,页529)。主权者的意志是一种无法抵抗的、进行变革的力量,故也是一种无法抵抗的建立秩序的力量。主权者的权力变化多端。当然,它也容易滑向专断。

有一个说法可以准确概括主权所包含的几个意涵。这是君主绝对主义语境中,有关政治行为的一个看法:"这就是我的意愿"(*tel est mon plaisir*)。它宣称,对于主权者的意志不能提出上诉;它要求服从。"这就是我的意愿"还表示,主权者表达的"意愿"就足以为所有权力的行使提供正当性。这个说法指向了绝对主义与专断性之间的传统联系。主权概念的历史也是一部限制绝对主义和专断性的历史。边沁确实反对政治中的任性。但是,将边沁的思想(至少在某种程度上)视为主权观念的后裔其实也同样没有问题,而且还更具有启发性。边沁的立宪主义并不是反对绝对主义。他的功利概念使得一般意义上的人的快乐,成为所有权力行使的正当性证明,并使得人么接受变革的不容反驳。功利的历史始于"这就是我的意愿"。

[78]这点其实并非一眼就能看出,因为边沁是君主绝对主义

（最终包括一切形式的君主制）的积极反对者。边沁非常关心对统治者的制约，似乎远超他对其他问题的关心。边沁常常将主权和（作为一种政府形式的）君主制作为同义词来使用。大多数时候，他并不深入考察，主权为王权概念增加了什么内容。当然，边沁并不是对主权的宗教特征不敏感。边沁发现，主权君主被视为某种上帝。人们"敬拜他"，而他根据自己的喜好采取行动（I，页529）。边沁的主要目标是要反对君主的下述主张：我只有其人民的利益，没有其他的利益（III，页442）。边沁不认为，主权者的利益是民族的利益，特别是在财富和战争问题上（IX，页137）。边沁写道，主权者利益与人民利益的一致就如同狼的利益与羊的利益的那种一致。他攻击君主制为一种完善的掠夺体系（VIII，页542；IX，页102、112、136、141）。主权者意志"在自己手中积累所有的获得幸福的外部手段，所有一般欲望的目标……都通过牺牲共同体其他成员的幸福，以他们的幸福为代价"（IX，页128）。在这里，边沁将主权作为君主制意识形态的一部分。他像其他人一样，将人民及其幸福置于顶端，使得主权自相矛盾。他放出主权国王这个幽灵，是为了通过回想主权国王，为他的人民主权概念增加意义和力量。

但是，边沁并不将人民主权作为一种可以代替君主制的政府形式。他的《宪法典》为现代国家开出了非混合代议制民主这个方子，但是这点不应模糊人民主权在他思想中的特殊用途。边沁有时候说，代议制民主是功利的逻辑结果。他有时候论证说，这是他自己的政治偏好。但是，代议制民主并不是一种秩序规范。边沁在构想秩序时并不需要它。人民主权则不同。边沁坚持认为，主权"实际上存在于全体国民中"这个观点并不激进也不新潮。这个观点"完全正确，完全无害，完全有益"（II，页504）。这意味着，政府依靠服从。他指出，服从是"所有权力的动力因"（II，

第四章 主权与法律

页 541;OLG,页 18 注释)。对最广泛的民主制和绝对君主制来说都是如此(II,页 504)。从这个角度来看,人民主权并非简单地保有主权;人民开创权力但却不进行统治。即使在他的代议制民主计划中,边沁也没有放弃少数统治者与[79]多数服从者之间的二分(IX,页 106)。正因为如此,他还继续运用"主权者"这个名号来形容中央政府的权威。边沁的人民主权概念,既强调了人们运用主权而做出的那种统治者—臣民之分,但同时对这个区分提出了质疑。简单来说,他谈人民主权是为了说明,服从的人民(subject people)的权力是最高的权力,这种权力可以成为对统治者的制约(虽然不见得一定是一种宪法制约)。他在《宪法典》中写道,组织政府这个问题在于"如何防止邪恶的牺牲"(IX,页 49)。他会让人民来选择和罢免政府人员。但是,他知道,没有那种制度性安排比得上服从的多数人保持警觉和怀疑。人民主权不需要任何正式的制度体现。当边沁谈及主权人民(sovereign people),他并不仅仅是指选民,而是指所有服从统治的人,包括劳工阶层和贵族(与之不同,他在《宪法典》中将贵族排除在公共舆论法庭之外)。与此同时,他反对当时对"人民"这个术语的模糊用法(II,页 380),以及卢梭那种去人格的"总体的人"。他提醒说,如果忽视作为政府正确目的的所有人的幸福,其后果是可能发生反抗。人民"用武器来做出评判"(IX,页 58—59)。边沁想让人民的恐怖统治来抗衡君主的恐怖统治。对于人民和君主的判断,都无法提出上诉(II。页 310)。

这并不是说,边沁对于民众自卫反抗统治者的效果保持一贯的乐观。就像传统主权无法保障国王有效获得服从,人民主权无法确保实际上一定能成功抵制不义的统治。尽管大众是"聒噪的、不守规矩的"(I,页 230),但是这并不等于说他们具有"实施有效反抗的能力"(II,页 287)。边沁常常说,人民是"盲目的、被迷惑的、多疑的、不好问的、甚至太过于耐心"(III,页439;IX,页112)。此外,边沁常说人民(people)不服从的权力,而非"某国人民"(the people)不服从的权力。这里我们可以想到,边沁的人民主权不完全类似于卢梭的人民主权。卢梭笔下的"人民"为了维护立法者为他们创造的道德秩序而一起行动。他们是守卫者。① 在边沁看来,并不存在一个开始不服从的共同征兆。"对于具体的人来说,我已经提出了一个这样的信号:那就是他自己内心坚信,反抗在功利方面具有优势"(I,页287—288)。边沁认为,不存在某种订立协议的仪式标志着[80]政治社会的形成,也没有像公意这种共同利益的化身可以保卫共同利益。人民主权在实践中完全就是一个自卫问题,即:如果政府背离臣民的幸福,每个臣民起来反抗政府的独立意志。边沁其实并没有建议反抗,他也没有暗示在什么情况下,他会建议进行反抗。他想的是证成反抗,而这个规范性意图很明显。原因在于,当谈到反抗时,边沁写道,私人个体应当考虑共同体普遍的利益,虽然功利原则通常会建议私人保持审慎并将考虑公共功利的事仅仅交给统治者。他在这里指出,功利使得不服从得以可能。它为所有人提供了"渡过海峡的指引"。但是,边沁承认,人民主权最常表现为警觉而非革命。优良政府的要点就在于,不满可以得到修复,而臣民的座右铭是"如期服从,自由监督"(I,页230)。

对边沁来说,人民主权不仅仅可以反驳君主制,甚至不仅仅可以通过赢得人民默认的必要性为权力行使施加限制。与之前的主权一样,人民主权是一个规范性理念。人民主权带来的主要后果是反抗得以成立,但是为反抗辩护并不是它对政治思想的唯一或主要贡献。人民主权不仅解释了权力的起源,而且还解释了权力

---

① Shklar,《人与公民:卢梭社会理论研究》,前揭,页181、190。

的本质。它证成了绝对主义。边沁知道,人民主权前所未有地强化了绝对主义。绝对主义指向统治者权威领地的范围。绝对主义与立宪主义完全相容。权力划分表明不信任绝对权力,但并不是反对绝对权力。① 边沁的立宪主义为绝对权力提供了制约,但是并没有限制它(IX,页160)。他的《宪法典》致力于防止"邪恶的牺牲"。很重要的一点在于,他没有削弱那些其实施有利于政府正当目的的意志和权力(IX,页49、62;I,页288)。边沁对于绝对主义的规定说得不能再大胆了。在这个方案中,最高立法机构"无所不能"(IX,页160、119—124)。边沁写道,它的地区权力范围与国家领土的范围一致;它逻辑上的权力范围与人类行为的领域保持一致(IX,页160)。此外,没有什么方法或手段是政府人员在运用权力时绝对不能采用的。这一切之所以成立是因为主权在人民那里。主权和立宪主义有关绝对主义的分歧,并不如它们有关专断性的分歧来的大。[81]边沁是主权理念的后裔这个主张,不能仅仅满足于指出他推荐绝对主义这点,还必须考虑这个专断性问题。

　　专断性并不是一个简单的概念。边沁发现,专断性与任性(caprice)相关,他也知道它们为什么相关。个人欲望的不可预见性而非这些欲望本身使得任性变成专断的任性。他写道,没有人可以预见任性的发展进程(I,页325)。专断性的本质是不确定的变化。边沁确实将个体的私人快乐视为法律的依据。这是功利的对象。但是,他反对任性。他并没有将不计后果且不可预测的欲望表达作为政治行为的证成。专断性或欲望进程的不确定性,使得所有法律主义者都对任性深恶痛绝。边沁指出,仁慈是模仿上帝,而且它是一种暴政词汇,因为它与正义相对且以正义为代价(I,页529)。值得注意,专断性并不仅仅是一个法律问题。偏离

---

① Fénelon,《忒勒马科斯的冒险》,前揭,页202。

现有规范将行为的不可预测性和专断性体现的淋漓尽致,但是专断性的特征并不仅仅在于它与法律对立。而且,法律程序和法律的普遍性本身都无法防止自己变得任性。边沁对审美主义的批判就清楚说明了这点。与其他任何行为一样,立法行为也可能基于某种不计后果故而目的和进程不确定的欲望。重点在于,传统上,主权并不必然与法律主义对立。主权并不意味着反对法律形式或法律程序。主权者常常通过法律来运用权力。边沁承认,贯穿不同统治时期的"主权的统一"这个概念——主权权力的永恒性这个概念——是政治思想发展的重要一步。在确立对于法律的连续性的"一致且普遍"期望的过程中,"主权的统一"这个概念也至关重要(OLG,页65—66注释)。确实,当主权成为一个被人们接受的概念,如果"这就是我的意愿"证成了一切的权力行使,那么习惯做法带来的彻底可预见性就不可能实现。但是,主权这个概念就是想要仿造上帝的意志来塑造权力,从而将变化的不可抗拒引入政治,而政治预期也就能够接受革新了。虽然"这就是我的意愿"容易滑向专断性,但是专断并不是主权概念的标志。主权并不必然指向不确定或无法预测的变化,它必然指向的仅仅是革新。边沁想要将任性从统治中去除。但是,他接受[82]绝对主义,他也接受革新的必要性。对于那些将一切改革贴上"专断"标签的抵抗变化的人,边沁坚决予以回击,他甚至觉得必须诉诸上天来打击这种"遭天谴的"观点(I,页290)。他指出,不确定性既有可能是绝对权力的结果,也有可能是反对改变和反对限制权力的结果(I,页325)。在诸多法律主义者中,边沁这位领头人指出,有了改变,安全才有可能,而且他对立法"可废止的永恒性"很满意。革新是无法抵抗的,因为秩序基于多样且可变的欲望——基于幸福。这点没有问题,但是在这里,革新被转化为一种秩序原理。

尽管主权并不必然具有专断性,但是主权还是会建立起一种内

第四章 主权与法律

容和原理仅仅表达和满足欲望的政治。从历史上看,主权利用上帝的形象来让人们确信,欲望的表达和意志的运用是一种创造性的秩序力量。当主权概念被去人格化之后,这项工作就变模糊了。一旦主权完成将快乐和变化引入政治预期的任务后,快乐通常就会取代"意愿",而主权的人格属性会被消除。再也没有什么理由将主权归属国王而非人民。例如,霍布斯诉诸"一个头脑的政治体"这个比喻来为他推荐君主制政府增加说服力,但是君主制在他那里完全是一种政治偏好而已。但是,最高王权从来不仅仅是谁能够最好地维护秩序这么一个问题。起初,将主权赋予国王是基于一种要求统一性规范的形而上学宇宙论。一旦人民主权代替这个观点后,"一个统一主权"这个概念就主要由那些推崇法律命令论的人来维持,而他们给出的理由(如下一章将要分析的)都是形式理由。

当边沁提及人民主权时,他并不直接指涉这个概念的神学起源。他并不称人民的声音为上帝的声音。但是,他确实利用人民主权来解释权力的起源和绝对性。借助于人民主权,边沁断言政治是欲望的表达和满足,将意志确认为一种创造性的秩序力量,并承认革新的无法抵抗。边沁认为,人民主权通过两个方式来体现自己:一是,通过反抗统治者或自卫;二是,如果政治社会的组织方式完全体现了人民主权的话,人民主权就体现在法律中。因为,特别是对于现代国家来说,[83]权力的每一次行使都展现了人民主权所施加的限制,立法也是如此。但是,这并不是说,人民主权与功利一致。边沁从没有说,它们是一致的。与传统上的主权相比,人民主权并没有为防止专断提供更好的保险。对边沁来说,功利是来自于个体多样且相互冲突的意志的更高的合理性,它的制度体现是一个统一法体系。他乐观地写道,主权仅仅在它的各个组成部分中展现自己(IX,页5;TL,页445)。

我们还需要将边沁的人民主权概念与另外两个与之密切联系

但具有理论差异的概念区分开来:统一政府(unitied government)和"人民的构成权"。与人民主权不同,统一政府和大众选举在边沁这里都不是规范性概念。边沁有时候将两者视为功利的逻辑或实践后果,但不是绝对价值。它们是纯粹工具性的价值。这点在统一政府这里最为明显。边沁有时候用"主权"来表示一种组织政府的方式,其中的某个人或某个机构有权为其他政府人员指派和分配部门,限定他们的行为,偶尔还要代替他们。边沁知道,这个角色历史上是属于君主,但是也可以由立法大会来承担。① 要点在于,主权在这里是描述一个职位,不具有规范性意义。边沁写道,在这个语境中,侵犯主权是诸多侵犯政府工作的行为中的一种。它虽然可能是特别引人注目的一种损害,但是它只是损害,不是欺君叛国罪(lese-majeste)。这种组织政府的方式对政治秩序来说也并非必不可少。② 在他看来,统一法体系而非统一政府赋予国家以统一性。边沁当然更倾向于集中和统一的政府。他用这种政府在效率和负责方面的优势来攻击混合政府。确实,他对统一政府的组织更有兴趣,而且,与大众选举和其他民主代表制度相比,统一政府对于统治的责任性来说更重要。此外,边沁的口吻似乎说,统一政府之所以必要是因为,他的法律命令论需要一个单一可识别的表达"意志"的机构。但是,边沁承认,无论其采取什么形式,统一政府都仅仅是"通常都是如此"罢了,它并非秩序所绝对必需。在他看来,某些政府的不成熟或某些国家之所以微不足道,原因并不完全在于是否有统一的政府(I,页103)。

[84]尽管边沁很关注统一政府的组织,但是它有关民主代议

---

① 哈列维有关边沁的立宪国家没有主权者这个主张,是在这个意义上使用"主权者"这个术语,即用它指君主。Halévy,《哲学激进主义的兴起》,前揭,页409。
② H. L. A. Hart,《边沁论主权》("Bentham on Sovereignty"),见 Bhikhu Parekh, ed., *Jeremy Bentham: Ten Critical Essays*, Lodon, 1974, 页148—149、151。

制的论述赢得了更多的关注。民主代议制也必须与人民主权分开。《宪法典》包含了边沁对简单代议制政府的纯理论论证。他鼓吹一个大众选举的、贵族和王室完全不参与的立法制度。他在那里写道,只有这种政府才能确保人民的幸福。他称人民为"构成权"。在这个方案中,人民是那些选民。他们选出或弹劾政府官员(IX,页 10、97、155、157)。边沁思考代议制民主的整个轨迹已经被详细勾画出来了,这项任务也已经显示出它的难度了。造成难度的原因首先在于,得出一个对这个或那个政权的政治偏好从来都不是他的主要目标。只有在《宪法典》中,代议制民主被明确作为边沁的政治偏好被提出来。但是,即使他并不总是推荐混合代议制民主,边沁似乎也一直都承认功利与民主价值(包括一种广泛的选举权,如果不是普选权的话)之间的紧密关系。法国大革命激发他去认真说明民主原则与功利之间的关系,虽然他是在针对法国的特殊情况。① 写于 1809 年的《议会改革计划:教义问答》在边沁的政治偏好的所有记录中都很重要,因为它包括了所有激进改革的重要部分:禄虫没有资格成为下议院有投票权的成员,年度选举,普遍且"实际上平等的"选举权,秘密投票,议会演讲的公开记录。但是,这个文本的所有论证都是为了让"民主获得优势",而不是为了纯粹的代议民主制(III,页 457—461、612—613)。边沁承认,他倾向于年度议会和普选权是由于这些做法比其他安排似乎"更容易在原则上得到辩护"(III,页 599)。正如其标题所示,《教义问答》是在通俗层面上对信仰的援助,而信仰一如既往地容易受到质疑。边沁并不自信,普选权能够大幅降低贵族对政治的影响

---

① 伯恩斯强调,边沁有关代议制的论述并不是一个代议制一般理论。他还指出,大革命使得边沁不再思考宪法问题,直到 1809 年写作《议会改革方案》(直到 1817 年才出版)。Burns,《边沁与法国大革命》,前揭。

(III,页 468 注释)。他提出的与选举制度相关的最强烈的建议是秘密投票(III,页 599—600)。实际上,他始终绝对捍卫的措施是[85]公开原则。《教义问答》说明了,为什么我们会说,边沁是否是一位坚定的民主派还不是很清楚。① 他为民主制度所做的主要论证要么基于功利的思辨演绎,要么是一种基于他下述判断的偏好:大众选举似乎是选择政府官员较无异议的方式。

尽管如此,有关边沁对民主的思考,有两点可以确定。首先,他有关代议制民主的论证取决于下述观点:如果要对统治者们的自我利益提出异议,那么大众选举就是必要的。特别是,它们是降低国王大臣腐化议员的最佳方式。② 对边沁来说,民主是一种自我防卫(IX,页 47)。它们基本上是消极性的。他在《教义问答》的导论中写道,议会改革是"相关病症的唯一治疗方法,若非如此,就将成为不当统治的致命疾病"(III,页 435),这个医学上的比喻表明,首要目标是减轻痛苦。激进改革是全国动乱之外的另一种选择。激进改革本身并不健康。边沁要求实施的措施,旨在于去除那些妨碍官员保持正直、智识资质和积极才干的东西。它们是解药。③ 它们本身并不确保优良政府。实际上,就立法机关的构成

---

① Halévy,《哲学激进主义的兴起》,前揭,页 154、249—251 指出,边沁的民主观来自于他和詹姆斯·密尔的交往,时间在 1809 年左右。边沁为《议会改革方案:教义问答》(Plan of Parliamentary Reform in the Form of a Catechism)增加的导言支持这个看法。与此不同,马克坚持认为,1790 年的时候,边沁就是一位成熟的激进民主派。亦可参见 Burns,《边沁与法国大革命》,前揭。Steintrager,《边沁》,前揭,特别是第四章。
② 因此,边沁坚持要求,议员要一直出席。他关心的问题不仅仅是议会的代表性,其实主要不是这个问题(IX,42)。他关心的是,如果没有独立议员的在场,下议院就会丧失对大臣的控制(III,509)。
③ 边沁也意识到,人民选举使得统治者被迫服从人民的同时,也使得人民被迫服从统治者。他写道,直接选举的一个后果是,通过情感和权力的纽带,将人民与他们的议员联系在一起(II,301)。与此类似,在议会出席率问题上,边沁认为,如果立法机构的性质由于议员缺席而发生变化,那么我们就不能再说议会的"意志",民众可能就会不那么服从它制定的规则(II,324)。

而言,边沁有关大众选举的主张其实较为温和。选举也许能防止议会出现一个为自己的特殊利益牺牲普遍利益的小团体(III,页167)。大众选举可以确保,被选出来的官员至少能够保卫普遍利益(III,页452)。但是,大众选举无法确保这些人真的会这么去做。简言之,普遍利益仅仅是面对可识别的邪恶利益时形成的一个统一利益,而大众选举不过被用来避免最糟糕的阴谋和裙带关系(favoritism)(II,页248)。边沁解释说,"实际上平等的"选举权并不是算数平等,而是不存在表明有意偏向的那种不平等(III,页612)。他承认,偶然的腐败根本无法杜绝。要想实现自我保护,光有政府官员的大众选举还不够,即使我们假定人民会选出具有良好品格且来自恰当阶层的人。对边沁来说,民主代议制的重要性在目标以及实现目标的手段这两个方面都是消极性的。

在所有有关选举的著述中,边沁坚持认为,选举的目的,更多的在于提供了可能被解职这项制裁,而非选择统治者。[86]他说,解职的惩罚约束官员不实施恶政(IX,页42)。他眼中最重要的问题是责任而不是政府的代议构成。他还承认,人民主权使得所有官员都不仅仅对选举出来的立法人员负责,而且对人民负责。他在《宪法典》中为人民赋予"罢免职能"之前很久,他就已经建议,司法官员要受制于民众对他们的解职。他在《宪法典》中写道,这项解职权应约束所有政府官员,包括行政官员(IX,页104—106)。人民在选择官员和(更重要)解除官员时,他们能够最直接有效地自我保护,防止恶政。当然,任何制度安排都不是万无一失。人民在发挥他们的自我保护功能时,必须保持猜疑和警觉。但是,即使猜疑也不能在保护之外提供更多的东西。它无法在实践中保证优良政府或功利。

其次,另一项同样重要的说法源于民主制度的消极性。边沁对政府形式,特别是民主代议制做出了一些思考,这并不足奇。毕竟,在 18 世纪,所有政治理论家都无法回避这些问题。边沁推崇的大多数民主改革方案也不是他发明的。① 鉴于边沁的一般看法,值得注意的是,他其实没有太关注这些问题。边沁总是坚持他早期在《政府片论》中的说法,民主制,"所有人的政府"根本就不是政府(I,页 267—277)。他感兴趣的问题正是"政府是什么?"。这个问题并不限于政府的形式和构成,还包括官员的具体行为。边沁知道,代表性——反映了民众的选择甚至民众的利益——无法成为评判优良政府的标准。与民主选举和议会构成相关的所有制度都不足以解释或确保优良政府。选举权,年度议会和秘密投票都做不到。优良政府与立法和行政过程有关,与政府事务有关。边沁著作的特殊之处在于,他研究了如何组织官僚和官员的回报问题。他最为原创的观点与那些应当支配司法、行政和议会活动的安排和程序有关。[87]人民主权使得所有官员——无论是否是选出来的代表——负起责任来。边沁承认这个观点是一个理论问题而且将其落实为制度(IX,页 62)。所有政治功能都是来自人民的委托(IX,页 121)。他的兴趣还在于官员如何行动,即应当如何来安排政府,如何分配奖赏以保证官员完全按照功利行动。立法是一个有关信息和预测的问题,涉及观察和计算。民众渴望的那种发表意见的机会——对立法来说是必要的——无法仅仅通过正式的政治代议制获得,也无法以此方式充分获得。即使在《宪法典》中,边沁也强调,投票并非交流知识和判断所必要(IX,页 45);(比如说)官员没有议会投票权,也可以且应当影响立法。边沁接着说,在选举中投票并非就某个具体的政治或法律问题交流意见

---

① Halévy,《哲学激进主义的兴起》,前揭,页 153—154。Burns 的《边沁与法国大革命》指出,在司法责任和议会程序问题上,边沁的提议具有原创性。

(II,页465；IX,页42)。信息收集是边沁喜欢的一个主题。他推荐公开性既是为了使得公众能够获知政府职员在做什么,也是为了使得政府官员能够获知民众的看法(II,页312)。《宪法典》也许是他对大众选举最有力的论证,但是这份文献主要关注的其实并不是这个问题。它的研究对象是优良政府:功利立法如何具有可操作性以及必须要有哪些制度来支持它。

作为"构成权",人民分配官职,但是不创造官职。他们的构成权威并不是制定宪法的权威。它并不是一种永久的、创造性的权力,而是一项有限的正式职务,由实定宪法(本身就极其易变)来确定,来赋予人民。与人民主权不同,人民的构成权并不是一个永久的或本质处境。人民主权不仅暗示绝对且至高的权力,而且暗示权力的永久性。人民主权不可让渡。虽然边沁原则上并不区分永久性与不可让渡,他的观点在于,人民主权不能被打断。政府的变迁与法律改革都不会导致人民主权的消解。在边沁看来,这些制度变迁的发生或多或少都与功利提出的建议相符。边沁写道,政治社会——不同于因临时的自然劣势而建立的父权社会——不应没有能力凭借创造它的那些原则一直持续下去(I,页264注释)。这个永久性是由他的人民主权概念带来的。这个永久性能以完全不同于[88]其他制度的方式存在,即脱离实体而存在。① 最终,人民主权在于臣民个体方面的警觉和自卫。

尽管边沁小心避免将国家人格化,尽管他担心人民主权概念会模糊政治秩序的个人主义基础,边沁还是无法一直拒绝将自然主义话语运用于国家及其机构。比如说,他提及选举大会的"意志"(II,页330),但是他马上解释说,他仅仅是在比喻意义上使用意志,用来表示其背后的多数人原则(II,页306)。当谈到国际事

---

① 正如在美国政治思想中那样,主权并不化身为某种宪法大会。

务时，边沁确实谈及国家本身作为一个独立主权，而且他有时候似乎在说，国家积极有力地保卫自己并最大化自己的权力。这一点也不奇怪。毕竟对边沁来说，国家不只是一系列实用机构。如下一章将要分析的，国家是唯一可能的秩序。眼下，我们只需要说，人民主权这个理念被边沁用来说明权力源于个体的欲望（与个体的服从），说明权力的绝对性，说明创生和革新是所有权力行使的必要组成部分。由此来看，人民主权完全不同于边沁法律公式中的主权，后者我们马上要予以分析。

二、边沁的法律命令说

法律命令说是一种法律理论，而非主权理论。"法律可以定义为，由一个国家内的主权者所创制或采纳的、用以宣告其意志的符号的集合"（OLG，页1）。命令说使用"主权"这个术语，但却是在一个有限且完全形式的意义上加以使用。如果法律被理解为一项命令，那么一个统一的"主权者"——一个人或一个机构——其实就是逻辑上的必要条件。因此，所有法律都是"最终都指向一个共同的渊源"（OLG，页99、1、54）。边沁的"意志的逻辑"不仅仅解释了法律。他说，立法仅仅是这项祈使权（power of imperation）的一部分，而祈使仅仅是主权的一部分（OLG，页137—138、81—82、91—92）。但是，这里的焦点是这个法的定义，"被承认有权制定法律的一个人或一些人，为法律而制定出来的任何东西，俱系法律"（I，页151注释）。典型的命令说定义，典型的形式性定义。

边沁承认，这些都不是原创，[89]这些问题也不是那么有意思（I，页151注释）。他说，法律的渊源仅仅是思考法律的一个角度，即使根据命令说来看也是如此。边沁从没有宣称，法律的主权者渊源是有关法律的最重要的问题。他诉诸命令说的形式主义是为了说明法律改革。重要的是,他运用这个公式是为了什么:服务于某些政治价值以及强调法律效力。就这点而言,边沁使得自己不同于命令说后来的信奉者,这些人通常主张,命令说是一种完全去意识形态的法律观,是一种重视秩序高于一切的法律观。边沁没有就他的命令说提出这样的说法。他从没有完全将命令说与政治偏好与政治改革分离。没有人比他对命令说旨在服务的有限的实际目的更为敏感。他知道,命令说是为了处理法律效力这个特殊问题。命令说的主要目标是确立一个简单而高效的效力体系。边沁明白,效力能够被用来支撑哪些政治价值,不能被用来支撑哪些政治价值。

边沁明白,一个聚焦法的命令渊源的法理论旨在将统治者区别于臣民。如果命令说需要一个可识别的主权者作为逻辑前提,那么它的政治目的就是指明那些可识别的臣民。简言之,命令说意在使法律的臣民认识到他们的服从性。这项任务仅仅部分地通过确定法律的主权者渊源来完成,它还依赖于法的强力(law's force)。祈使权本身并不够,因此,在边沁的著作中以及所有法律命令说那里,坚持法律的主权者渊源与另一个问题相关,即法的强力。边沁写道,主人、父亲、丈夫和监护人的命令,与主权者的命令一样,也与将军和法官的命令一样。这不是因为主权者直接确定了相关的个体行为,而是由于这些命令的效果的"主旨"。边沁这里说的是它们的实效(effectiveness),并解释说,如果这些权威的命令遭遇到抵抗,在所有情况下,强制执行这些命令将最终依赖于主权者。边沁补充说"所有这些都不存在任何拟制"(OLG,页22—23)。他清楚地认识到,命令说的主要意识形态目的是增加法律的实效(efficacy),并为他的法的定义加入强力。接着法是主权者意志的宣告这个命题来说,"主权者的意志得以实现,仰赖于发生特定事件的预期,[90]这个预期被认为应当成为实施相关行为的动机"(OLG,页1)。边沁说,如果小心谨慎的对待法律的"表达",法律的强力可以在实践中得到增加。为了实现这个目的,一种将来的紧张感会比语法上的祈使更有力,因为主权者通过预测的方式施加其意志,不仅使得自己的意志被知晓,而且使得自己的意志被感受到。他要他的臣民明白,他仰赖制造心中效果的动机"足够强大"。主权者预言,尽管臣民是"自由行动者",他的命令"还是会得到服从"(OLG,页105)。①

值得注意,对边沁来说,惩罚并不是法律的突出特征。例如,有人认为,普通法发挥着法律的作用,但是只有当伴随惩罚时,它才可以被视为法律。边沁认为这完全是一种不够准确的法律观,"很显然,只有以沉默的符号和制裁行为,我们才能谈及习惯法,但是对于那些没有其他手段来了解习惯法是如何产生的人来说,习惯法无法表达自身。"被施以绞刑这个行为并没有帮助我们确定哪些行为构成偷盗;普通法就好像是打一只狗(I,页227—228; OLG,页184)。

由于我们不能说,对边沁来说,不反抗在任何情况下都是一项价值,因此也许有人会问,边沁为何要支持这种法律观:通过强调法的渊源和强力以及服从性来确保秩序。简言之,命令说通过其渊源和强力来描述法律,有意与高级法概念形成对照,而边沁赞同对高级法的这种反对。边沁提出命令说的一个目的是强调法的创造性和革新性,并将立法者从高级法通常施加给立法的那些绝对限制中解放出来。尽管如此,边沁常常不借助某种形式化的法律

---

① 边沁的命令论存在一些特殊的难题,因为它既允许有命令,也允许有许可性法律。边沁的"道义逻辑"是 Lyons,《为了被统治者的利益:边沁关于功利和法律的政治哲学》,前揭,这本书的主题。

命令说来攻击高级法。此外,与运用命令说反对高级法的其他人不同,边沁并不想要将效力问题与功利问题分离。根据边沁的功利原则,法律和道德规范"拥有相同的核心"且两者都带有某些制裁。确实,法律利用多种制裁措施,而不只是惩罚。边沁关注法律的形式渊源和强力主要是为了说明这样一个区分,一方是法律和道德,另一方是建议和劝告(OLG,页14注释—15注释)。边沁说,制裁是社会控制的手段,[91]惩罚并没有它自己的目的。脱离了法律的实质内容,惩罚就没有任何效果,甚至无法被理解(OLG,页141—142、148)。惩罚赋予道德和法律命令以效果,而法律和道德规范都不旨在教化人。制裁是动机。制裁并不改变人们的利益。功利立法以及功利立法规定的惩罚都与性格塑造没有任何关系。总的来说,虽然边沁提倡一种强调统一主权者和命令效力的命令说,但是他更为关心的是澄清和限定政治秩序的性质,而非规定秩序的条件或鼓吹服从。他还有另一个目的。通过强调命令,边沁想要将立法确立为一项持久且活跃的工作。在英格兰,传统上,司法权力是唯一活跃的权力,君主和议会都仅仅在控制司法活动(II,页11)。边沁想要改变这种情况。他对一个统一主权者的呼吁是想与基于一个个司法判例的普通法体系形成鲜明的对照。

边沁说,他有关主权者法律的强力的说法中不存在"任何拟制"。他这样说是要表明,他的命令说不同于其他人。他承认,可识别的主权者并不是到处存在(OLG,页18注释、20注释)。他对于完备的法律——他认为,一旦人们把握他的意志逻辑,就可以制定出这种完备的法律——是否可能存在更加不乐观。他甚至写道,连这样一部完备的法律的样本都无法出现(OLG,页183)。边沁说,布莱克斯通的自然法思想基于错误的假定,即:自然法之所以存在是因为它们应当存在,而他们之所以应当存在是因为，人们相信自然法是秩序之必需。边沁不打算在主权或主权者意志表达上，重复这种解释者和评论者的混淆。他也没有允诺，当一位统一主权者向自觉服从的国民发布命令，法律秩序就形成了。命令说提倡一种服从意识，但是这种意识在边沁看来总是一把双刃剑。它可以表明服从的必要性，也同样可以表明反抗的可行性。他知道，命令说定义的那种完备而有效的法律最多只是一种愿望。

与大多数命令说不同，主权在边沁这里从来都不是一个完全形式化的概念。即使在《论一般法律》中，边沁也努力不去模糊"主权"这个术语所隐含的政治关系："从事实角度看（这里我说的只是从事实角度出发）"，他写道，[92]"任何凌驾于某人之上的主权都常常存在多样性且处于持续的变动中"（OLG，页20注释）。"主权权力的动力因正是人们服从的性情"（OLG，页18注释）。有实效的法律，其最重要的成分，既不是它们的效力也不是它们的形式，而是存在还是不存在有关这些法律的价值的一致意见——简言之，政治合意（political consensus）。边沁指出，法的强力或效力可能在很大程度上依赖于"某些习惯的存在，不管是真实的，亦或推测的，法律是或被认为是与这些习惯相吻合"（OLG，页109）。任何形式性的法律观都无法创造一致意见。功利原则也无法保证所有条件下都能达成一致意见。当然，出现有关权威和法律的争议时，命令学说最有可能对人们产生吸引力，因为等级和秩序内含于它的法定义中。但是，边沁从没有假装自己能够通过定义消除这些争辩。任何法律形式说都无法创造主权。边沁也没有主张，在任何情况下，必须存在对某个可辨识的主权者的服从。一个任何命令说都无法容忍的问题却一直是他思考的一个主要问题，即"谁在立法？这位立法者的利益与最大多数人的幸福之间是什么关系？"在边沁看来，离开立法者的意图和人民的服从意向,法律的渊源或强力根本没有任何意义或价值(OLG,页109)。边沁并没有具体处理达成政治上的一致意见的条件是什么。但是,他运用功利竭力指出,思考法律不能离开它们的内容,或者,边沁补充说,不能离开掌管它们的政治过程。

法律的强力不仅来自于它的主权渊源,也来自于赋予它效果的具体机构,司法机关就是其中主要的一支。边沁承认,祈使权虽然是最高的、不受限制的,但并不自足,并不完整(OLG,页137和注释)。除非存在一个被接受的程序法体系,否则主权者意志就是虚弱的,主权者的预测就是虚假的。有关法院体系的合意以及(最重要的)与运作法院体系的那个职业达成的和解,都是法律的主要条件(III,页204)。边沁理解许多法学家不理解的一点:命令的逻辑无法使法律成为一个独立的体系。即使存在一个可识别的主权者,其意志的产物也依赖于他自己也在其中运行的更大范围的政治环境,[93]特别是(在边沁看来)法律职业。

边沁的一个(他和霍布斯共有)重要洞见是:任何关心法律秩序的人都无法忽视法律职业关心的问题和他们的主张。这方面的思考启发了边沁有关法律的著作,尤其是《论一般法律》及其中的命令说。简言之,一个法体系的效力很大程度上依赖于它满足法律职业通过某些现存规范来理性化自己的决定这个需求。[①] 从这个司法角度来理解功利也许仅仅是一种派生性的功利观,但非常重要(OLG,页190)。获得法律效力是法律职业的首要任务。边沁指出,在普通法下,这个过程极不确定(OLG,页188、189、192)。普通法的记录——说实话,不过是"散落的微粒"——仅仅包括了部分不完善的案例史(OLG,页185—188)。但是,只因这点还不

[①] Webber,《韦伯论经济与社会中的法律》,前揭,页279—280。

足以用制定法来代替法律史。制定法如果没有仿效某种"法的理念"就无法为法官和律师服务。制定法必须要能被分解为那种法的理念，才能够被理解（OLG，页12）。边沁的命令说是为了尽可能满足律师想要确定规范的需求。① 这是《论一般法律》的实际目标。简言之，边沁支持命令说并不是为了满足他渴望秩序和服从的欲望。他是将命令说作为手段来控制法律职业。

边沁有关法律的形式定义并没有使他遗弃政治问题。没有人比他更清楚，一部法律的效力和功利是可以分离的，且效力并不是功利的代替品。他并不坚持认为，只有符合命令说要求的法律才能带来安全。他承认，普通法也可以为法律的目的服务。甚至某些独断行为也具有一般法律的某种效果"凭借扩大解释而被施加给人们"（OLG，页152—153）。简言之，边沁的命令说其实并不是在处理"什么是法律？（what is law）"这个问题。相反，正如他自己努力表明的，他是在讨论"什么是一条法律（what is a law）"这个问题，并且为了实际的目的，将他的答案说给法律职业听。

当边沁问"什么是一条法律"时，他承认，这个问题一眼看上去完全是一个形式问题——"来自于恰当的抽象"（OLG，页308注释）。答案并不在于将司法决定与立法机构的制定法区分开来。[94]法律也并不就是制定法。法律的健全是逻辑上的、理念上的、思想上的，而不是物理意义上（I，页151注释）。边沁的"意志的逻辑"主要因其需要一个统一的主权者而著称，但是对于意志的逻辑，他想要强调的是，意志的逻辑能够产生统一的、完备的法律，至少在立法条件存在时可以。一条法律的统一和完备——对此他着墨不少——与立法者处理某个行为的不同"方面"之间的逻辑关系

---

① Webber，《韦伯论经济与社会中的法律》，前揭，页320。

有关。边沁的要点在于，意志的表达（类似于文字表述）可以相互之间形成逻辑关系。他提出了一种逻辑，根据这个逻辑，某个行为可以被命令、被禁止或被放任（OLG，页173）。① 一条在表达、设计和关系方面完备的法律会反映其中一个态度。它能够完全说明主权者对于一项侵害的意向（disposition）（OLG，页157）。一条法律的统一在于，它标明了一项侵犯这个事实。由于怎样才构成一项侵犯并没有什么限制，所以某个体系中法律的数量仅仅是一个权宜问题（OLG，页170）。边沁想要通过他的逻辑，通过关注将某个行为纸面上的维度与实际意志相符的难度，来澄清行为的性质（OLG，页127）。正因为如此，他才强调法律是主权者意志的表达。

边沁的意志的逻辑直接与法庭和法律职业对话（OLG，页182—183），并将他们的要求纳入其中。无论边沁如何攻击律师，边沁并没有反对司法精神本身。这点很重要。边沁写道，英国法庭的一个最高贵之处在于，它们"通常遵循立法者宣告的意志，或者尽可能遵循之前的判决"（I，页326）。边沁近距离地观察了，法律职业如何因这样开展司法活动而常常遭受一些损失。"公正处理吧，纵使天国倾覆"（*fiat justicia ruat coelum*）的后果往往是苦恼。但是在普通法体系中，"公正处理"（*fiat justicia*）是为了普遍善（遵循现有规则）才实施了一点恶（OLG，页195）。虽然在普通法体系中，司法精神很死板，因为先例完全高于功利。但是，如果存在一个完备的法律体系，人们就可以将这种精神为己所用。因此，在边沁眼中，法律职业的自利保守主义具有积极作用。关注效力使得律师远离纯粹个人的便利考量。法官原本可以为所欲为，现在则受到限制，他会想到"你最好别那样做，因为那样做会被认

---

① Lyons，《为了被统治者的利益：边沁关于功利和法律的政治哲学》，前揭，页120。

为很奇怪。"①

　　这并不是说,边沁坚持下述观点,[95]即:法院发现并执行法律而非制定法律。他分析从其他规则中推导出某些规则的普通法方法,"似乎,法官选择类推而非功利是不对的,除非人们更愿意赞同前者得多"(OLG,页 107)因此,他的意志的逻辑和他有关法典化的建议都不会消除司法解释或"司法立法"。边沁只是想揭露司法解释并控制它(OLG,页 241)。如果有一部完备的法典,解释法律的表达也许就没有必要,法律间的相互关系这个问题也不会引起任何不解。但是,边沁不会完全禁止对法律意图的解释。法官需要问一问,如果立法者碰到这个案子将会怎么处理。法官的经验必然会修正立法者缺失的远见(OLG,页 160)。针对破产法庭,边沁推荐直接作出司法立法,只要相关判决基于一定理由;这样可以确保判决是可补救的且责任是确定的(V,页 580)。边沁并没有贬低他允许的这些做法。解释是修改;解释会扩大或证明某部法律;解释总是必要的(OLG,页 160—163、239、241;V,页 579—580)。

　　边沁提醒说,在解释问题上向法院让步是危险的,但是予以否定则将导致灾难性后果。他的命令说为消除这些危险提供了一种权宜之计。完全解决解释问题仅仅是一种愿望(OLG,页 239—240)。尽管命令说强调法律的终极形式渊源,但是边沁希望法律职业和立法者都能面对下述事实,即:制定法律和发现法律并非截然不同(OLG,页 241)。他知道,在他所有改革中,这一项与法律职业的意识形态截然相反。即使他想要破除法官发现法律的神

---

① R. H. Graveson,《英国法的不安宁精神》"The Restless Spirit of English Law",见 G. Keeton and G. Schwarzenberger, eds. , *Jeremy Bentham and the Law*,London,1948,页 108,使用了这个引文。

话,他也并不是对起初的原因——除了法律职业的邪恶利益之外——完全无知。这整个解释问题最终指向法律主义本身的困境,在普通法中显得尤为麻烦。这个困境是:法律必须具有严格意义上的安全以及便利这两个目的。边沁既指责普通法太过严格,又指责它太不稳定。这并不是自相矛盾,而是对法律核心问题的洞见。他知道是什么原因使得法律职业倾向于首先从遵循先例,接着再从公共利益这方面去纠正法律主义的不便(OLG,页191)。

[96]边沁无法解决这个困境,这个困境是所有法律体系和法概念固有的,但是他可以揭示这个困境。他可以尝试将遵循先例和公共利益放入立法原则中。功利努力达成的精妙平衡正是保障预期和改革之间的一种平衡。但是边沁知道,即使将社会科学与命令说的逻辑标准合在一起,也无法废除法律科学。它们必须加以调整,以适应法律科学。没有哪个体系能够在实际过程中避开司法实践。立法和法院判决有时候具有更大的弹性,有时候具有更大的确定性。它们必须防范这两种危险。边沁有关律师的权力在于法律的不确定这个指控,被用来反对具体的普通法从业者(X,页429),但对于这个问题,边沁并不是只有这么一个说法。法律总是存在不确定。边沁知道,"自由裁量"这个指控只不过是当人们就法律的价值发生分歧时,表达谴责时使用的说辞而已。他写道,真正构成法官专断权力的是,免于为自己的判决提供理由这项义务,以及免于公共监督(V,页556)。

当然,边沁非常关心法律程序的问题,他建议改革"有关程序的"法律。这些建议表明,在这些方面,他可以容忍较多的司法裁量。在证据领域,他要求摆脱普通法的许多规定作出自由裁量。他尤其攻击证据排除规则。确实,他的建议是用警告法官保持"怀疑"来代替有关证据的形式规则。边沁这里对形式程序的保留态度与他总体的政治思想没有任何矛盾之处,因为他总是说,形式程序无法确保不发生法律压迫。他警告说,有一些具体的司法程序阻碍人们说真话以及发现真相(Ⅵ,页10、88、97、101)。边沁不仅要改造证据规则。他有计划有步骤地思考如何用一种"家政的"、"自然的"体系来代替普通法程序。边沁称这个体系是家政的,因为只有一个法官,像父亲般,"搜寻真相"(Ⅰ,页558)。他做出裁决有三个特征:他是中立的,他不需要受到固定规则或程序标准的限制,最为重要的是,他不会拒绝审理任何所谓的错误行为(Ⅱ,页46)。也就是说,法官必须找到理由来使得争议各方达成和解或做出惩罚。证据并不被用来将事实对应规则,而是要依据不能令人失望这项原则,根据事实做出裁决。[97]这个程序与仲裁差不多。至少有这种相似性,即使裁决免受案例的约束(Ⅱ,页47;Ⅴ,页522)。① 自然正义或即决裁判(summary justice)将侵害(injury)概念置于司法的中心,并为受侵害方提供赔偿。边沁的灵感不难发现:普通法吹嘘说,任何权利都有救济,但同样正确的是,如果没有救济就没有权利(Ⅰ,页186—187)。这点他说的没错。

  边沁并不打算通过这些建议来反对法律的价值。他知道,遵守形式规则并不总能最好地实现法律的目的。他的家政法庭依然保留了司法活动的本质:当事人之间的诉讼。他确实通过坚持要求在可操作时让当事人之间直接面对面来强调这点。边沁将他的论证也基于法官的中立这个假定。他关心的是"案件的真相",后者一如既往地取决于事实的证明(Ⅲ,页198;Ⅰ,页558;Ⅱ,页47)。简言之,他全身心地赞同司法活动最致力于实现的价值,即解决争议。他简要地写道,裁判了结了一个案件(OLG,页223)。法官必须提供"即刻的解脱"(Ⅲ,页322)。从这个角度来看,司法化是他几个制度改革提议的标志,包括全景监狱和有关议会策略的论著。

---

① Webber,《韦伯论经济与社会中的法律》,前揭,页59。

第四章　主权与法律

根据后一个计划,议会将设置一个以最简单方式在最佳情况下集中体现司法权力的议长,因为他在场的话,"诉求、裁判、执行"相互之间紧密相随(II,页330)。这种自然司法体系模型,可以做出快速且负责的决定,对那些重视秩序高于一切的人来说必然具有吸引力。

尽管如此,边沁知道,对秩序的渴望,对高效判决的渴望并不足以确保它。如果离开一个统一的实体法律体系以及这个体系追求的价值,司法机构的制度改革并不比命令说公式更有意义或更有价值。无论边沁的主题是法律命令说还是政府的组织和运作,他的目的都是让功利主义立法成为可能。功利原则将为法律提供内容,但是"谁应当来立法"这个问题依然存在。边沁批评法律职业篡夺立法职能,但是边沁承认,[98]如果立法者常常是无法安置的士兵、头脑狭隘的牧师或"骚动的、笨拙的、背景各异且毫无联系的大众"(OLG,页240),那么律师帝国是可以理解的,实际上是一种必然。优良的政府仅仅部分依赖于人民的怀疑态度。人民主权这个概念从没有离开边沁的头脑,但是它绝不是边沁唯一的关注点。必须有现代机构来支撑功利主义立法,并通过它们的组织来创造负责的公共服务。第六章我们将分析这个问题。

第五章 主权国家

[99]每个国家都认为自己有义务在自己的权力范围内保护自己的臣民。(II,页544)

历史上,在强化国王权力是主要政治目标的那个时代,主权是绝对主义意识形态机构的一部分。这种强化通常会遭到教士或以教权主义为名的抵抗,这些人想要继续通过信仰条款对统治者施加限制。这种反对聚焦两个问题:对内实行宽容、对外自由结盟。人们通常都认为,绝对主义强化的一个标志是,国王相互承认并结成联盟的理由不再受信仰纽带的支配。主权的确立事关国王的臣民,而且事关与国王处于相同地位的人。因此,从一开始,主权的行使和证明的一个主要场所是"外部事务",虽然这个说法有一定的问题,因为国内事务与国外事务的区分本身就是主权获得胜利后的产物。君主绝对主义的政治发展并没有马上带来统治的世俗化。宗教的统一是国王用来将王国同质化并建立秩序的手段,而宗教持续成为反抗国王的主要理由。绝对主义强化的结果是君主统治和现代国家的地方性特征的确立。这是一种新的地方主义,不同于古希腊的文化地方主义,因为对后者来说,人类的其他部分都是蛮族。[100]它也不同于后来的民族地方主义或文化地方主义,对后者来说,所有其他人都是异族或新蛮族。现代地方主义,承认相似政治实体的存在与共同地位,以国王(随后是国家)之间的相互承认为标志。

虽然边沁明确反对君主绝对主义的人格性,但是他的确是绝对主义的推崇者。在统治者行使权力方面,他反对在任何内容或手段方面施加限制。他建议权力的强化和集中化。对边沁来说,一个新的伦理基础为绝对主义提供了目的。一个新的合理性——功利——去除了绝对主义的任性。当边沁写作时,他并不满足于,得到功利调和的绝对主义已经完全实现。一方面,除非立法者理解并采纳了社会心理学,否则实现这种新的更高合理性的手段依然还很原始。另一方面,除非政府制度实现现代化,否则功利就无法体现在法律中。此外,实践中还存在对绝对主义的政治抵抗。边沁将英国法律职业称为反对现代化的一个"部落"并非只是偶然。但是,绝对主义的一个关键伴随物已经实现:边沁不需要为他的读者说明地方性国家(parochial state)这个概念,或者说(用他的术语),"地方自治"(municipal)政府这个概念。他写道,"它的建立已经众所周知,它的必要性也同样显而易见、无可置疑"(I,页101注释)。边沁可以自信地说,法律的冲突最主要是发生在一个国家的上级和下级之间,而不是发生在"在各自领域内活动的独立主权"所制定的法律之间(OLG,页131)。①

承认地方自治政府与"独立主权"的"普遍必要性"并不必然意味着,人们愿意从与大陆国家理性学说类似的角度来思考国际事务。启蒙思想家承认国家是一个实践问题,但是他们不接受国家

---

① 边沁在《国际法原理》的第二部分"主体,或法律的属人管辖范围"中讨论了"独立主权"的恰当范围。

理性的视角。他们的著作，要么忽视国家间关系，将其视为一个由赤裸裸的权力和不可避免的非理性构成的领域而不予处理；要么就提出某些超越此种自然状态（国家利己主义的结果）的方式，并提倡一个开创普遍永久和平的世界国家或世界联邦。边沁也从缺少上级权力这个角度来刻画国家间关系。他因此明确区分了内部事务和外部事务。但是，虽然国际关系较为独特——是他提出"国际关系"这个概念的——[101]他也不允许它们的行为具有不可避免的任意性。正如对边沁来说，国家并不是一个事实，而是一个规范秩序，国家间的体系也（正如这个提法所示）可以有一个特殊的秩序。边沁研究的就是这种秩序。在他看来，这个秩序不需要牺牲国家的利己主义和最佳利益。他为了实现国际事务的理性利己主义而提出的建议是国家的共同且平等的功利这项原则。他在早期手稿《国际法原理》中论述了这个问题。他晚期的主要作品《宪法典》也对这项原则做了基本的说明。

承认各个国家的共同且平等的功利有历史先例，边沁说明了其中一个。他指出，"君主出于竞争而非敌意发动战争"，所有君主对其他君主来说都是"尊重的对象"（IX，页129）。同样的，国家理论从一开始就认为，国际关系当中的行为实际上受保存的必要性和权力的支配，甚至由它们证成。处于冲突状态的敌对国家也承认这点。当然，对边沁来说，其他国家应得到的尊重基于这些国家的个人主义伦理基础，而非基于（例如）国王的利益与全体国民的利益相一致。一国对另一国的尊重不仅在于理解他国欲保存自己的动机，而且在边沁的解释中，似乎还包括理解他国更广泛意义上的福祉。当然，国家的平等功利本质上还是一个相互承认和尊重的问题。它并不要求对他国的博爱，而仅仅是一种外交姿态。这里的要点在于，边沁的国家的平等功利这项原则非常不同于启蒙运动的世界主义，尽管有人倾向于认为国际事务的功利原则要求核算所有人的利益。

边沁并没有无视此种普遍主义立场,而且他有时候还说,自己也持这个立场。但是,他的国家的平等功利原则代替了世界主义,而且他的原则要求考虑的问题十分不同。这项原则最为明确地反映出,边沁将国家视为一种规范。当统治者的政策影响他国时,统治者必须考虑他国的功利。但是,国家的统治者和"世界主义立法者"都不需要考虑最大多数人的利益。他们必须考虑的是他国的功利,无论这些国家的政府形式是什么。实际上,边沁还进一步偏离了普遍主义理想,因为需要考虑的并不是所有外国政治实体的功利,[102]而仅仅是有可能受到国家事务行为影响的那些国家的功利。边沁如此说明这项原则表明,在他脑中,这项原则仅仅适用于欧洲国家之间常规而可靠的关系。

边沁在《国际法原理》开头中指出,一位世界公民,在准备一部国际法典时,应当将"所有国家的共同且平等的功利"作为自己的目标。为某个具体国家立法的某位具体的立法者是否也负有这项责任?"这种中道(moderation),在一个追求自己利益的个体那里是一种德性,在某个国家任命的官员那里是否会变成一种邪恶或叛国行为?"(II,页537—538)这里就(以略微变形的方式)出现了那个启发国家理性思想的问题。在大陆的国家理性传统中,在基督教国家中支配私人行为的规范受到国家的必要性这个新标准的挑战。边沁则相反,将两种功利并置:一方面是所有国家的平等功利原则(这项考量被试探性地提出来,作为世界公民的一种优势);另一方面是简简单单的功利(或者,没有那么简单),它向个人建议中道,并迫使统治者在国民的指引下照看国民的幸福。① 边沁以一种乍看上去颇具启蒙精神的方式来回答他的问题:运用国家的

---

① 参见 Lyons,《为了被统治者的利益:边沁关于功利和法律的政治哲学》,前揭。

共同且平等的功利原则既是世界公民的责任，也是具体国家统治者的责任。但是在论证过程中，边沁说得很明白，统治者考虑他国功利的主要和支配性原因是，这样做最符合他自己国家及其臣民的最大利益。"为了调整对于其他国家的行为，某位主权者没有其他手段更有利于实现他自己的特定目的，除了他眼前的这个普遍目的，即地球上所有国家最广泛的福祉。"(II,页538)这不是边沁希望用来吸引外交人员倾听他的平等功利原则的修辞把戏。这是这项原则的依据。考虑国家的平等功利是国家理性的技艺。当面对其他国家的挑战以及传统道德对国家政策的限制时，统治者通过这门技艺保存并保护自己国家的利益

在国内事务上，人民主权会对一切权力运行施加限制。在他的职业生涯中，边沁还注意到，没有哪位立法者能够完全不受其他国家对自己政策的抵制。为了得出阻碍最小的方案，立法者必须考虑那些受到他的行为影响的国家的功利。[103]边沁写道："无论人们认为他应当多么不看重共同功利，他都有必要来理解共同功利。首先，如果他自己的具体目标包含在共同功利中，他就应当追求这个目标；其次，他将根据共同功利来设定自己应该持有的预期，以及他应当对其他国家提出的要求"(II,页538)。边沁乐观地认为，关注其他国家的功利将使得共同利益显露出来，否则，人们就根本看不到共同利益。他一直希望，涉及共同功利的事务会增多，普遍永久的和平是可能的。他提议说，除了表现出仿佛自己除了所有国家的广泛福祉外别无其他目标外，主权者没有其他方法能够更确保他自己目的的实现。他这样说并不是在建议欺骗他国(II,页538)。这并不是一种马基雅维利式的将利己政策掩藏在理想目标背后的手段。但是，这也没有假定，一种真正的利益一致取得了胜利。边沁只是想说，当存在共同利益时，为了简便起见，统治者可以用更广大的利益代替他自己国家的利益。虽然是这么

说,但是边沁有关国家的共同且平等的功利这项原则的建议,并不仅仅暗示了某些共有利益。他的原则指向共同的且平等的功利。在国际行为中,无偏私地考虑所有国家的功利是必要的,即使不存在共同利益。这项原则所需要的算计是为了确定阻碍最小的方案。这些算计完全是理性追求自我利益的一部分。这项原则驱使统治者顾及后果。简言之,边沁的国际事务原则没有拒绝完全接受国家利己主义。

考虑所有国家的平等功利这项义务约束国家,首先,不可侵害其他国家,并且要予其他国家以最大的善,"除了那些他自己的福祉所应得的重视"(II,页538)。这项义务在边沁这里,并没有超出国家最大利益学说所鼓吹和人们遵从这个学说所达到的程度。它要求的更多,要求博爱,但是这也是一种受到严格限制的博爱。他有关一些当前做法的引用清楚表明了这点。根据边沁为统治者草拟的就职宣言,统治者必须承诺代表人民且为了人民的利益与其他国家的统治者斡旋。但是,他的斡旋不可与国人的"恰当假定的意向"相悖,或实施牺牲国人利益的行为(IX,页203)。博爱并不包括自我牺牲。而且,边沁的原则没有说必须要积极为人道福祉服务。[104]比如说,它没有规定一种提供普遍温饱的政策。平等功利的原则还要求,除非是考虑到"这些国家应得的福祉"(II,页538),任何国家不能从这些国家那里收益,不应受到来自他国的侵害。这里的标准似乎更容易与国家利己主义发生冲突。但是即使在这里,边沁也没有暗示任何隐秘的牺牲。边沁赞同保存的紧迫要求,也就是获得足够实力的紧迫要求,他并没有敦促国家以此为代价。安全在他那里依然是首要价值。他只不过是建议,某国相对于他国的地位也许会要求它采取承受侵害或放弃称赞的政策。最后,有个段落最难与国家利己主义调和,它敦促所有人将下述做法视为犯罪行为,即一个国家采取此种行为,对所有外国(或者是那些其利益受到影响的国家)造成的侵害大于自己从中获得的好处(II,页538)。这条方案确实准许在自救过程中伤害其他国家。但是,边沁对此提供的例子弱化了这项准则:占领一个除了可用来攻击他国之外没有任何用处的港口,或者,通过强力或欺骗来封锁海洋或河流以阻止商业。边沁反对这些做法正是因为这些做法完全没有增进"侵犯者"自己的财富和安全。边沁承认,通过双方之间的互惠,相互的侵害也许可以相互抵消。这就更加稀释了他的这条方案。边沁并没有反对那些旨在为自己遭受的损失讨回补偿的战争(IX,页202)。

边沁并没有诉诸博爱之论。仍然有待观察的是,他也没有诉诸有关国际事务的传统道德规范。边沁惋惜道:"己所不欲勿施于人"这个个体行为的黄金准则,对于国家来说就是一条玻璃准则(X,页206)。即使如此,边沁并没有提出某条黄金准则。显然,国家的共同且平等的功利这个标准并不是黄金准则。它依赖于对后果的估计。实际上,当边沁说审慎会建议互惠时,他反转了道德公式。

虽然国际和谐是可以想象的,但是边沁并不是仅仅因为共同且平等的功利原则能够指明永久和平之道而提出这项原则。他的目的并不是克服国家利己主义,而是将国家利己主义理性化,即使实现共同功利的条件不存在。当这项原则并不指示某种共同功利时,它也提供了一种在国际事务中获得阻碍最小的方案的方法。简言之,这项原则提出,将效率作为评价外交行为的标准,期待能够限制侵害的程度和范围。这项原则本身并不为外交政策提供指引。[105]它是粗俗和任性的利己主义的解药。边沁写道,国家的平等功利原则是为了减轻私人仇恨和国家偏见对外交事务的影响。实践中,国际关系并不是由利益、正义和人道塑造,而是由主权者的性情和意向塑造的(X,页210)。边沁希望用利益、正义和人道来代替个人同情心和个人厌恶感。谈到国际行为这个话题时,边沁的用语总是混合着道德愿望和审慎。边沁在《国际法原理》中提出下述问题时,这两方面的内容体现在了一个术语中:"中道"在国际事务中是美德还是恶德?他用自己的平等功利原则所确立的就是中道,不是纯粹的审慎,而是一种特殊的审慎。国家的伦理地位提升了这种审慎,使之更为高尚,而现代国家的历史处境使得这种审慎成为可能。

现在,我们可以说,边沁的原则并不确保共同功利,冲突消失或避免战争。他承认,战争是运用权力的一个途径。虽然就其"程度"(II,页539)而言,战争是最糟糕的恶,但是边沁从没有明确禁止战争。① 战争是执行法权和获取补偿的一个途径。边沁建议说,当不存在共同法庭时,向不正义妥协就会导致新的不正义。因此,一个国家在任何似乎有关自己权利的事情上坚决不退让是情有可原的(II,页552)。战争是解决争端的一个途径。边沁甚至称之为一项"程序"(II,页539)。边沁会将战争合法化,通过战争法,将战争的恶降得最低。他给出的发动善意战争的理由的单子,几乎做了穷尽式例举。与他将国家利己主义理性化的目的一致,他将恶意(*mala fides*)化约为野心、傲慢和恶毒(II,页539—540)。边沁解释说,一个国家是否诉诸强力应该是部分取决于他自己的相对实力,部分取决于处理这项侵害的心态(II,页539;IX,页202)。当一个国家是恶毒侵害的对象时,即使面对比自己强大的敌人,边沁也建议发动战争(II,页545)。与此不同,边沁建议瑞士面对比自己强大的敌人时求和。在这些不同案例中,他的推理其实是一样的。他的推理基于他对怎样才能最好地保存国家的估计以及国家剩余的武装力量情况。边沁在这个语境中写道,保存就

---

① 他脑中尤为想着国家财富的战争(斯塔克,III,页116—118)。

是自由(X,页203)。保存是国家的行为准则,但是这项准则对不同国家提出的具体要求不同。

因此,边沁认为,战争虽然不是运用强力(power)的必然方式,但也是可以接受的。他并没有忽视强力的保存和强力的繁荣提出的要求。实际上,边沁对于军事力量的组织和物质装备尤为感兴趣。[106]他似乎认为,后勤已经成为军事实力的一个关键衡量标准(IX,页333)。边沁思考了相互裁军的可能性,但是他没有鼓励单边裁军,他也没有劝说解除武装。在他看来,武装并不是战争的原因,而且他认为常备军是文明的进步(IX,页334、337)。裁军之所以是一个目标,主要是因为动员军队成本太高。又一次,边沁运用的标准是效率。这个效率标准还影响了他有关结盟的看法。他否定结盟是必要的,而且在不必要结盟的时候,结盟比毫无益处还要糟糕,实际上会降低安全。他有关英国不应当寻求欧洲大陆的结盟的建议出于策略性考虑:这个问题与英国"无可匹敌的实力"有关。但是,审慎会要求,正义会授权其他国家结成联盟(X,页207)。权力是所有国际行为带来的一个紧迫要求,而边沁关心的是国家如何有效的运用它。当边沁说,英国(爱尔兰是否包含在内无所谓,但是其他属国都排除在外)没有合理的理由担心其他国家会侵害它的时候,他并不是暗指,当时国际时局一片和谐,而是在表明,英国高于别国的实力(II,页546)。博爱和国际事务的合法化这样的理念都是说给那些其生存明显有保障的国家听的。毕竟,边沁自己说,他是在对英国和法国说话。他知道,平等,特别是国际法赋予各个国家的平等地位,常常是由较为强大的国家来推动。

在边沁那里,国家的平等功利这项原则是国家理性的一个手段。他接受国家的利己主义,但并不仅仅是将其作为一个事实,而是将其作为一个秩序规范。当然,他并没有那种典型的启蒙运动对世界主义的渴望。也许,最能反映出边沁远离这些启蒙理念的例子是他有关结束殖民统治的看法。他确实采用了当时的解放话语,并提及"人道主义事业"。他甚至诉诸人权(II,页 551;IV,页 408),而且这也反映了这些段落的修辞张力。在一个更为具体的分析中,边沁批评那些为了母国而牺牲殖民地利益的做法(II,页 548)。但是他承认,殖民地是否遭受到了侵害,这完全是一个需要具体情况具体分析的经验问题。他并没有无视这些殖民地通过服从殖民统治而获得的好处(III,页 53)。他主要是建议,让母国的殖民地——不包括土著人——能够实现解放(III,页 52—53)[1]。他强调的是,[107]决策者并不能很好的为遥远领土的居民的利益服务(IX,页 202)。这个论点既可以用来论证统一的国家的好处,也可以用来反对剥削。实际上,剥削问题在这些著作中是一个二级问题,因为边沁并不是在为殖民主义者辩护,而是为殖民国的公民辩护。他呼吁法国放弃维持殖民地的"虚弱而粗鄙的"野心,并通过解放开启一段新的光荣之路(IV,页 408)。这可以被解释为努力为自决这项普遍原则寻找一个标准运载体。但是,这也同样可以且更好解释为是在诉诸自我利益。具体来说,边沁努力说明母国为殖民地付出的真实成本。主要是从成本和收益的角度出发,边沁反对殖民统治。殖民地并没有带来额外的收入,从市场的角度来看是没有必要的,在本土滋生腐败(大臣和殖民委员侵吞公款),而且保卫殖民地也需要钱(IV,页 410—411;III,页 53—55;IV,页 416)。即使殖民地居民投票赞成继续维持自治领地位,边沁也坚持,应当否定他们的要求。他基于国家的最佳利益而为解

---

[1] Halévy,《哲学激进主义的兴起》,前揭,页 119,分析了这点。海耶斯证明边沁是一个民族主义者,提倡自决,但是他的引用无法支撑他的结论,Carlton Hayes,《现代民族主义的历史演进》(*The Historical Evolution of Modern Nationalism*, New York, 1965)。

放论辩。边沁并没有提议将自决作为一项原则。他写道,当英国海外投资的安全需要这种自决时,投资公司应当任命当地的总督,并保留对所有法律的自我保护性否决权(II,页563;IV,页417)。

边沁的国际法观也与他的下述假定完全相符,即:一个国家间的体系是政治秩序必须采取的形式,而国家显然是利己主义的。国际法也许会缓和他们的行为,但是无法克服利己主义。国际法首先是将国家尊崇为秩序规范,并承认在外交事务中,主要的关系(如果不是唯一的关系)是国家之间的关系。他提醒说,国际法仅仅在比喻意义上是法律(III,页162)。边沁第一个承认,国际法仅仅是一个愿望。这些法律并不存在。它们并没有"在那里"等着被实现,等着被发现。存在一部国际法是"立法者格劳秀斯"的幻想,他想在自己的扶手椅上实现亚历山大和帖木儿南征北战所实现的成就。他最后仅仅成功地在"他的天真心灵中编制了虚假的法律"(III,页220)。国际法并不是也不可能是智慧的立法者或外邦人的创造物。在国际事务中达致统一性——这就是传统万民法的目标——的唯一途径是强力。边沁通过举例说,教皇曾试图通过一个数学方案来一劳永逸地结束各个国家争夺各个新大陆的战争,[108]但是这项努力基于地球是平的这个看法以及"仆人的仆人是国王的统治者"这个事实。现在,教皇的三重冠也被缩减了(II,页539—540注释)。边沁批评英格兰假装走进真空中,做世界事务的仲裁者。边沁写道,英格兰模仿教皇,幻想成为最新的正义分配者(X,页210)。这个角色不仅不切实际,而且是自己欺骗自己,因为英格兰的欧洲政策表明,英格兰实际上已经成为信仰"破坏者"的保卫者(X,页203)。与此不同,在边沁的国际法理论中,存在某些领域,国家有共同利益,可以起草出一些各个国家都会赞同的规范。边沁最喜欢的例子是一个适度的例子:凯瑟琳二世的捕获法。边沁尽可能地展望国家间关系的合法化,而且推荐了一些与继承

第五章 主权国家

和边界有关的法律,这些法律降低了暴力手段的发生率。边沁还进一步提议,国际法庭将为解决争议提供战争之外的另一个途径。国际法并不保证能够消除分歧或暴力。国际法是缓和剂(II,页545)。又一次,这里最重要的是,边沁将国家间关系合法化的努力表明,对他来说,国家是一个规范或秩序,现在在法律中得到圣化。

国家的平等功利这项原则意在成为偏见和恶毒的解药。它不能也没有被设计用来克服国家利己主义。这点我们看得不是很清楚,部分是因为有人倾向于这样来解读,即边沁的功利原则需要一些世界主义要素。边沁的目的被模糊还因为,他厌恶政客,批评他们的政策。他到处所见的统治者与被统治者之间的分歧,同样也表现在当时的外交政策中,而边沁倾向于将战争描述为统治者之间的战争。边沁的话,听上去好像是在说,存在一个反对统治者的人民普遍联盟,尽管他当时对"人民"持一种地方性的政治理解。即使如此,他对当前外交政策的不满,并没有导致边沁幻想民主代议制本身就能够结束战争。他承认,人民常常比他们的统治者还要喜欢战争。最后一点,边沁不愿意将国家人格化,从而使得他对真正的国家理性的信奉显得不明显,因为欧洲大陆的国家理性思想基于国家是一个具有意志的活生生的有机体这个观点。边沁从来都没有放弃他对国家的个人主义基础的强调。他绝少屈从自然主义话语。这意味着,[109]在他看来,每个国家都有自己特殊的保存需求,而非自己的人格。他否认,国家拥有"人格"。他写道,当人们从人格来谈论国家时,烟雾就开始升起。简单来说,每个国家都认为自己有义务保护自己的臣民不受其他国家的臣民或政府的伤害。这种意向的功利很明显,它也显然是存在的(II,页544)。尽管如此,边沁还是承认,当我们讨论国际事务时,可辨识的个体以及他们的利益并不总是充足的基础。虽然国家不能被认为具有人格,但是国家确实有自己的利益,不同于其公民的具体利益。一个国家有自己的财产、荣誉和处境。所有这些都可能在组成它的个体没有受到影响的情况下受到影响。国家的基础是个人主义，但是国家不能仅仅被理解为保护臣民不受伤害（霍布斯的理解）的缓冲物。① 对边沁来说，国家包含一个更高的合理性或者说功利，臣民的忠诚在于此，而且它需要臣民的支持。

从历史上看，国家理性学说包括两个方面。理论家们提出了一些普遍的紧迫要求，声称它们支配所有统治者或所有国家的行为——国家保存和权力维持是其中的主要两个。同时，针对他们的一些具体统治情况，他们对统治者提出了一些具体的忠告。这两件事边沁都做了，并在《反马基雅维利的信》中表现出来。在这部作品中，边沁重述了致力于国家的共同且平等的功利的普遍必要性。同时，他特别批评了英格兰的大陆政策。不出所料，这部作品的口吻是混杂的。边沁享受着宣布一部在国家事务中指导决策者的普遍法所带来的思想上的满足。他炫耀着自己在外交事务上的敏锐。他确信自己在英格兰对外政策方面，为兰斯多恩勋爵（Lord Lansdowne）这位对外事务专家传道授业，并显然对此洋洋得意。对于（他认为）自己和自己的兄弟因在这个问题上挑战王权而遭受的不公待遇，他感到愤愤不平（X，页212）。《国际法原理》和《反马基雅维利的信》的书名都表明，它们与国家理性思想对立，至少当后者被理解为一种纯粹的马基雅维利主义时。对于一位启蒙传统的著作家来说，这并不奇怪，虽然值得一提的是，标题本身并不具有决定性，而且边沁并不是第一个在具有保护功能的书名（《反马基雅维利的信》）下接受国家理性的人。但是，边沁的作品既没有伪装，也没有诡辩。他是真心想要调和这两种传统。

当他碰到马基雅维利主义时，他确信自己可以接受它，[110]

---

① Stanley Hoffmann,《战争状态》(*The State of War*, New York, 1965)，页60。

保密和虚伪是它的特征。边沁写道,马基雅维利主义在国际事务上大获全胜,"造成侵害是荣誉:在这方面耍花招、玩阴险、确保万无一失都是为人之道"(X,页206)。边沁发现,大部分人认为,他们更多感受到的是被视为强大的自豪,而非面对"不义"之名的愤慨。当国家濒于险境时,因不义之举被归罪是一种荣幸(II,页552)。人们通常会说,为了追求个体利益而犯下的罪行,如果是为了国家利益的话就是德性(II,页556)。边沁非常坦诚地表明了马基雅维利主义之前对自己的吸引力。他承认,即使当我写作时,这种感觉依然十分亲切。边沁不仅想要攻击马基雅维利主义的危害——其中最主要的是欺骗①——而且还想攻击这样做体现了荣誉这种观点。他警告说,这种特殊的名声会减损真实的实力。他是想指出,他所理解的马基雅维利主义的本质,其实是一种不明智的东西。他想要降低在追求国家最佳利益中造成的恶。从另一个角度来看,边沁的思想与国家理性一致,因为它与马基雅维利主义一样关心后果和效率。比如说,他在讨论结盟政策时,从没有完全反对破坏结盟的行为。边沁的思想中没有哪条原则会得出这样的禁令。他在《反马基雅维利的信》中批评英国外交官秘密且没必要地引发结盟破裂。愚蠢和激情而非利益,在支配着他们的脑袋。他写道,大陆政策"既不可取也不公正"(X,页207)。边沁解释说,他的原则所主张的中道,他对许多马基雅维利主义的传统技艺的拒绝,若想要实现,主要取决于某些历史条件,而非取决于有效的道德教育和道德劝诫。这些条件说明了边沁为什么能够将公开性等启蒙目标与国家理性的目标拉近一些,使中道(而非世界主义)得以可能。

---

① 在边沁的罪过范畴中,欺骗总是处于很特别的位置,而且边沁并没有绝对禁止欺骗。

三个预设使得边沁的平等功利原则成为国家理性的一项技艺。这些预设表明,他的原则的中道性(至少部分)取决于历史处境。边沁的第一个预设是,国家理性的首要目的是既有国家的保存。边沁在他的著作中一直强调制度改革,只是因为国家的存在是不言而喻的。但是,国家理性思想并不总只是在建议保存。这个学说起初适用于国家的建立和国家重生,通常是说给有抱负的统治者听。马基雅维利主义对于反制对领土和政权统一的抵制来说是必要的。[111]但是,在边沁写作的时代,他可以将统一的国家(consolidated state)作为被设定的事实。他认为,开创领土国家和集中权力的重要工作基本上已经完成了。那些最糟糕的手段——它们在克服国内和海外的抵抗中发挥了一定的作用——现在可以放弃了。在这个语境中,边沁最强调的是,当统一是常态时,中道才有可能,因为征服已经不再是国家的主要目标了。边沁将战争形容为解决争端的方法,一种"程序",而不是征服的手段。他意识到,这是相对晚近的一个事态。他注意到,只是到了现在,获取领土才不再是追求的目标。征服是一种"疯狂",不属于我们这个时代(II,页551)。任何吞并其他国家领土的行为——用边沁的例子,英格兰对他的死敌法国也不能提出这种要求——都是无法容忍的。议会对这种事情不会拨款,即使明显不费吹灰之力就能成功(II,页551)。边沁还希望为殖民占领画上一个句号(II,页556—557)。他坚持认为,殖民地与国家的最佳利益背道而驰。一个理由是,为了保卫殖民地需要进行战争。殖民地使国家更加脆弱,没有增加它的实力。他写道,殖民地是自然机体的"非自然累赘"(IV,页414)。这个比喻清楚表明,边沁对战争目的的限制性解释并不是因为害怕强国,且仅仅部分是由于对统治者感到失望以及需要限制粗俗的野心。这个段落还表明,遥远领土的成本,而非民族自决,促使边沁批评殖民主义(IV,页408)。(他写道,美洲

"这个民族是由英国人组成的,是在英国习俗中成长起来的"。III,页612)这里要点在于,对边沁来说,中道为统一的国家这个规范所固有。①

第二个预设有利于解释作为国际行为原则的中道和平等功利。边沁认为,既有的这些国家构成了一个国家间体系。他写道,如果要推测行为的后果,那么制定政策就需要掌握"有关所有情况的完整知识"。这其中最主要的知识是关于其他国家的功利将会受到怎样的影响。各个国家在一个体系中行动,在这个体系中,各个国家相互影响,而且,稳定而可靠的关系使得他们利益可以算得出来。正如边沁所解释的,就此而言,平等功利原则是国家理性的一项技艺。平等功利原则的主要含义是,国家理性并不指向狭义上的国家利益,而是指向[112]外交事务的国际性(首先由边沁提出来)。功利主义并不同于世界主义,也不同于加以普遍适用的个人主义。但是,它也不是纯粹的地方主义。简言之,功利是一种真正的外交观。与传统的国家理性思想一样,边沁的原则为统治施加的限制像自然法那般严格。如果要实现自己的目标,就必须考虑其他国家的功利,就如卫星要想靠近太阳就必须沿着行星的轨迹运动(II,页538)。从这个角度来看,边沁的建议(启蒙思想家基本上也是如此)——在国际事务中放弃秘密性——并不是因为他坚信公开性是实现普遍和平的手段。公开性的一个理由从纯粹地方主义的角度来看是功利主义的理由。它约束那些若放任不管则会通过秘密谈判和条约背叛臣民利益的大臣。边沁警告说,一旦内贼出现,议会对拨款的控制并不足

---

① 当然,如果政府的组织方式仅仅使得一小部分人能够从掠夺的财物中获益,征服型战争也是不正确的。边沁此时似乎在区别对待代议制民主国家(II,557)。但是,《宪法典》还是警告,不能散播战争和从事战争投机行为,包括民主政体在内。

以对政策施加充分的限制(II,页555)。但是,边沁也从不同于启蒙逻辑的另一个国际理由来为公开性辩护。一项依赖于隐秘才能成功的政策是一项脆弱的政策,因为"它的成功系于一根头发"(X,页205)。这点总没错,现在尤其如此,因为现在"全欧洲的目光"盯着任何一个政治举动(X,页201)。边沁推荐公开性并不纯粹出于道德主义。公开性是在回应日益增长的欧洲公共舆论的力量,回应欧洲关系的众所周知,即回应边沁颇有兴趣的外交和间谍网。秘密性已经不再可取。

从历史上看,国家利己主义和国家独立(III,页584注释),以及某个国家体制对国际行为施加的限制,体现在制度上是权力均衡这个观念。权力均衡假定既有的国家之间存在稳定的关系,并且在追求"阻碍最小的方案"上享有共同利益。边沁至少在这个保守意义上接受这个观念。对他来说,权力均衡并不基于想要在扩张之前争取一个喘息的机会。边沁写道,它应当被理解为"一个休止点,各方力量都将找到他们的平衡"——理想状态下,较难背离的一个平衡(II,页538)。对边沁来说,一个宪法体系的均衡代表了停滞和死亡,但是这里不一样。休止是强制的阙如,是"相互且普遍的独立"的产物(II,页447)。他当然明白,[113]从激进意识形态家的角度来看,这个允诺非常保守,因为边沁承认,权力均衡并不鼓励也不保证某种宪制结构(IV,页410)。而且,它在另一方面也是保守的,因为权力均衡保持国家之间当下的不平等。边沁确实期望,依靠这个手段,贫穷弱小的国家不会灭绝(X,页202),但是它从没有以安全为代价来促进国家之间的平等。无论是国内事务还是国家事务,平等对于边沁来说都不是一项主要价值。他总是从消极的意义上来看待平等,即为了更高的安全而降低不平等。因此,他承认,在一个权力均衡体系中,国家间过于悬殊的不平等会造成战争,但是它更关心的是防止强大的国家获得霸权,而不是提升弱小国家的地位。在《反马基雅维利的信》中,他批判英国将当前的权力均衡视为一个操纵弱小国家的竞技场。他特别批评英国还想增加她已经"无可匹敌的实力"。"国家安全有一个零界点,超过这个点,事物的本性就不会再容忍人们高升",他警告说,"无论我们采取什么行动,我们都无法超越这个点。"(X,页207)虽然审慎建议我们与某些国家结盟(X,页207),但是与欧洲大陆国家结盟对英国来说是负担。边沁写道,恐惧不利于安全(II,页559)。

由此可见,边沁接受一个根据权力均衡运作的国家体制,但是它反对"有关这些议题的、庸俗而陈腐的论辩方式"(X,页208)。也就是说,他反对纯粹机械的均衡观。传统上,人们基于军事评估推测各国的立场。这就导致了不假思索的行为。他认为,最佳的例子就是英国对俄国不假思索且愚蠢的政策(X,页203—206)。他认为,纯粹的机械均衡无法确保平衡,因为这种均衡很容易被争夺地位的战争打乱。边沁特别质疑了下述原理,即:必须抵制另一个国家任何实力的增强。他警告说,当不存在不可忽视的理由时,不要暗示任何企图和威胁。他承认,夸大强国的危险会带来危险。共同且平等的国家功利这项原则是消极的。它是常常伴随权力均衡而来的不假思索的解药。它提醒统治者,可能存在共同利益。它还表明,利益和意图有可能会不同(IV,页417)。他写道,人类太容易忽视他人不得不做出正义举动的原因,因为他们很容易察觉到自己对正当的偏离(II,页553)。[114]最重要的是,平等功利原则,指明了边沁眼中的真实利益,而非国家偏见和敌意,从而缓和了不假思索。

边沁解释说,国家体制并不是根据军事评估来运作。当然,它也不是以传统方式(即派头是实力的证明)运作。边沁指出,派头以真正的实力和财富为代价,现在已经不再可能用派头来掩盖自己有限的财富①。他批评腓特烈大帝(Frederick the Great)以臣民的财富为代价追求华丽(III,页44注释)。边沁进一步详述了权力当前的基础在哪,因为要实现国家的最佳利益首先需要理解实力由什么构成(II,页559)。简言之,从经济繁荣这个角度,边沁反对对实力和地位的"粗俗"评估。例如,边沁质疑英国削弱法国在土耳其的影响这项政策的经济依据(X,页211)。他认为,国家体制基于稳定且可靠的关系,首先是贸易。通过强调贸易关系,边沁显然想要将国家利己主义理性化。他写道,显赫、伟大和荣耀与华丽不相容(II,页559—560)。传统上,虚假的光荣和尊严是以正义、正直和有效的仁慈为代价,还以自我审慎为代价(IX,页201、210)。边沁并没有进一步说,贸易所带来的国家的相互依赖必然导向合作。显然,竞争也同样会随之而来。但是,边沁指出,这种竞争必然会比基于派头的声望之争要克制许多。而且,它肯定会比王朝之争和宗教之争要克制许多。当然,他特别强调一个克制因素:他希望说明的殖民地和财富之间的负关系。贸易优势并不是来自于征服或占领殖民地。相信殖民地有利可图是一种"现代炼金术"(III,页53)。殖民地并不提供更多的收入。它们对于建立市场来说也不是必需的(IV,页410—411;III,页53—54)。即使说殖民地带来的奢侈品使某些人获利,但它却同时增加了其他人的负担(III,页52—53;IV,页412)。最后一点,保卫殖民地需要成本(III,页55)。在这些讨论中,有两点尤为突出。首先,当边沁谈论贸易的时候,他脑中所想的是贸易对国家间关系所产生的影响。在他看来,贸易依赖于国家的存在以及国家间的交往。他并不从个体或公司的关系的角度来考虑贸易问题。[115]另一个相关问题是,边沁关心的是国家财富以及国家安全。他提出的原则将增

---

① F. Meinecke,《马基雅维利主义》(*Machiavellism*,London,1957),页172。

加实现普遍永久和平的几率,但是这只能来自于各个国家的实力,而非各个国家的虚弱或这些国家被消灭。①

边沁论辩说,很多时候,增加名望、派头,甚至武装,都以真正的实力为代价,这些多余的东西都是由人民来负担。平等功利原则能够确保更为理性的对外政策。它还有利于国内秩序。原因在于,现在,基于武装和战争的权力的成本与臣民的幸福之间已经呈现出明确的关系。一边是武装和战争,另一边是税收。这个关系很清楚。同样明确的是,政治问题至少部分基于这个税收问题。因此,对边沁来说,构成国际事务的中道的基础的第三个预设是,公共舆论在政治中的重要性(X,页204)。国家理性思想总是关注统治者的安全和高效,国内利益被认为是对国外政策的限制。现在,边沁相信,无论政权的形式特征如何,真正的公共舆论会约束大臣,正如他的人民主权观念所示。这并不是说,他认为公共舆论对于任何政策都会发挥克制作用。边沁承认,在过去的一百年间,英国人民曾强迫他们的大臣发动战争(II,页559;X,页204)。他们嫉妒他们的政治人物,同时又对这些人缺乏信心,因为这些人与他们自己差不多。结果,他们很害怕被他人愚弄,因而特别有攻击性(II,页553)。边沁颇为乐观地说,公共舆论是可以培养的。公共舆论的偏见可以被纠正(II,页553)。但是,公共舆论被寄予限制国际事务的主要希望,是因为公共舆论最多煽动小规模的战争这个事实。公众被仇恨激发而采取行动,但是如果仇恨的延续以心怀仇恨的人的生命为代价,那么仇恨就无法持续。一项必须克服自爱的政策很难得到多数人的长期追随(IX,页32)。边沁指

---

① 海耶斯将边沁描述为一位英国爱国者。他对此给出了令人信服的论证,从边沁称赞"英国式自由"到他有关英语的思考(VIII,185—186)。海耶斯解释说,边沁将自己描述为世界公民,仅仅是想要表明,他并不厌恶外国人——他并不是一位世界主义者。Hayes,《现代民族主义的历史演进》,前揭,页127—128。

出，掠夺性战争对于古代人，甚至对于现代专制者来说，都是理性的，但是从为战争买单的人民的角度来看则完全无利可图。对于无权分享掠夺物的人来说，征服没有任何吸引力（II，页557、551、553）。

还需要再说说公共舆论以及公共舆论与国际事务中的国家理性之间的关系。边沁有关中道的建议和他的平等功利原则都没有拒绝国家理性思想。[116]如果平等功利寻求最小阻碍国家利益的方案，它似乎会允许所有确保这些利益所必要的东西。这里与以往不同且将边沁与大多数大陆国家理性传统区别开来的是：公共必要性（public necessity）在他的作品中是一种真正的公共——清楚显示——必要性。国家理性对他来说不是一种治国术的奥秘。边沁并不打算将让公众的良心不受影响。获得安全的国内成本较为明显，在追求安全中对他国可能造成的侵害也较为明显。国家的平等功利的原则并不保证，国家之间存在共同功利，虽然和谐是可以想象的。严格地公正对待其他国家，要求实施无偏私的行为，也就是说，没有恶毒的行为，没有基于外交考量之外其他因素的行为。但是，国家的平等或各个国家居民的平等福祉都不是一项要求。平等功利原则并不要求对他国博爱或牺牲自己。这个原则所指示的对外政策的标准是效率。它将恶最小化。它建议公众，普遍接受这项标准。

从边沁有关国际事务的著作中首先可以得出一个怎么强调也不为过的结论。虽然边沁关心个体的幸福，虽然边沁非常想要将国家的伦理基础立基于个人主义，但是当谈到国际关系时，个体意义和普遍意义上的人的幸福就成了派生性的考虑。边沁所描述的那种国家体制可能会增加所有人的幸福，但是关照普遍福祉并不是一项行动原则。共同且平等功利的原则考虑的是某个国家有关另外国家的行为。边沁根本不关心个体的私人行为或源自共同人道的信仰和义务。人被视为(在他看来很正确)国家的公民或居民。如果国家是一个秩序规范(边沁就是这么看的),那么关照人们就是其所在国家的事。功利并不强迫私人个体和决策者普遍关心人类。边沁提出的国家的共同且平等的功利,不要求人们去推进所有人的安全、平等、富足,甚至温饱。如果想要实现人道,如果想要得到直接的实现,就必须通过国家。就平等是一个价值而言,它适用于国家共有的独立地位,不适用于这些国家的居民的安全或福祉。即使如此,国家之间的严格平等也不是边沁的一个愿望。[117]他所说的国家的平等功利,首先与无偏私有关。它意味着,决策者在考虑政策时,绝对不能考虑统治者的人格或者王朝因素、宗教因素。平等功利原则最多指向已有国家的保存。简言之,这项原则不允许干涉他国的内政,即使是为了其国民的幸福也不行。国家作为一个规范激起对国家之间相互普遍的保存以及国家独立的关注。

正因为国家是一个秩序规范,这些才是对的。对边沁来说,这是唯一可以想到的秩序。而且,他确定,个体可以从中受益。他脑中想着经济方面的好处,这是肯定的,但是这里的要点在于,如果国家存在而且对外关系受各个国家的最佳利益支配,那么就会出现最大几率的和平。不难理解,边沁为什么会认为,如果国家是秩序规范,和平就能实现,而且他的理由(又一次)是消极的。受功利支配的国家关系是一种外交关系,而不是狂热的关系。共同且平等的功利是最糟糕的个人仇恨以及王朝、宗教争端的解药。国家的行为确实以自我利益为导向,不受制于王朝纽带和宗教顾虑所施加的传统限制。但是,国家在行动时也不会带有它们带来的狂热主义。符合共同且平等功利原则的国家间关系,避免了那些最糟糕的意识形态冲突。如果说这项原则不要求博爱,那么它也不要求政治偏好方面的一致。在边沁的体系中,唯一被普遍化的政治价值就是国家本身的价值,或者是作为国家更高合理性的功利这项价值(II,页 502)。他完全拒绝下述概念,即:对于某个国家来说,确保另一个国家的宪法结构对它有真正的好处(II,页 549)。他坚称,这种确保制度非常令人反感(IV,页 410)而且是一项专制制度(II,页 549)。边沁以相似的语气指出,承认或不承认某些新建立的政府都不应成为宣战的理由(II,页 545)。边沁看重立宪主义以及民众自卫的制度性体现,包括民主代议制,但是在他看来,这些都不能取代国家理性以及国家自身(不同于国家的政府形式)的价值。

尽管如此,下面这点依然正确,即:边沁最感兴趣的不是作为独立的国际事务行动者的国家,而是作为法律实体的国家。他不断重复说,功利体现为一个统一法体系。他最为致力于研究那些支撑作为法律实体的国家所必需的制度。这种官僚机构将是第六章的主题。

第六章 负责的公共服务

[118]如果我们的主题是回报与服务的比例……，我们就必须要考虑服务的本质是什么，我们是怎样的人，我们为谁提供服务。（柏克《论经济改革的演讲》，V，页293）

边沁政治思想的要旨在于，一个统一法体系是他称之为功利的那种更高合理性的表现。边沁的著作都致力于解释，功利主义立法如何得以可能，并致力于探究，对于作为一个单一法律实体的现代国家来说，哪些制度是必需的。边沁从两个方面来研究国家的制度支撑这个问题。他给予政府的组织这个问题以极大的关注。他所说的政府的组织并不仅仅指政权的形式特征，而且还包括司法和行政机构的组织。实际上，在有关政府的问题中，他对这些常设机构最感兴趣，因为（他自己解释说）这些机构是法律体系的主要支撑。这些机构的官员执行法律，而且他们在工作中学习如何参照立法者的意图来修改法律，应当增加哪些法律或废除哪些法律。对边沁来说，功利主义立法是一个持续的过程，并不始于也不是终于一位主权者意志以制定法的方式表达出来。他的《宪法典》聚焦如何组织和管理一支集中化（IX，页121）等级制（IX，页62、204、226、229）的官僚(officialdom)。这项具体的蓝图预示了韦伯有关官僚制的论著。边沁特别关注,如何组织官僚才有利于立法的信息收集和信息交流最大化。他极为强调官僚的"统计功能"(IX,页232—264)。①

[119]边沁并没有将自己对国家制度的研究局限于组织问题。等级制、集中化以及合理的奖惩能够使得官僚变得负责。这是他的目标,但是首先必须了解什么是负责。边沁认为,在他的法律和国家观中,公共服务获得了新的意涵。所有传统的思考官职(office)的方式都在阻碍政府体制的现代化。官职不能再被理解为某个阶层的所有物。官僚不能依照仁慈、英勇或德性这些精神来运作。官僚必须拥有自己的职业理念,而这种理念(如本章将要说明的)要与负责的公共服务相符。

亨利·布鲁厄姆(Henry Brougham)曾在著述中,赞扬那些他认为是人类真正恩人的政治家。②与他的朋友的目的相比,边沁的目标一直都不那么善意。正如他论布鲁厄姆的文章所示,他最关心的事情是剥夺某些人恩人的称号,这些人不配享有这个称号(V,页549)。因此,边沁并非一心只想着措施。讨论具体的人物时所产生的"激愤和恶劣的情绪",几乎充斥着他的所有著作(I,页231)。举例来说,他写的有关皮尔(Peel)和埃尔登(Eldon)的文章,就有意地让皮尔和埃尔登不舒服(V,页279—280)。即使如此,边沁的不满并不仅仅是针对个人。他想要重新考察恩人这个概念。由于他认为,一个民族能收到的最好的礼物就是一部功利法典,因此毫不奇怪,他对当下恩人的名单的考察几乎没有顾忌等级问题。它从名单中划掉了

---

① 政府应当组织好,使得信息流动在逻辑上成为必然。例如,边沁在《宪法典》中对地方政府的说明,特别是地方登记员的行为的说明(IX,页625—626)。边沁特别关心部门内部的问责以及地方政府与中央政府的互动。

② Henry Brougham,《乔治三世时期活跃的政治家的历史简述》(*Historical Sketches of Statesmen Who Flourished in the Time of George III*, London, 1855—1856), I, vii.

第六章 负责的公共服务

英格兰的律师和贵族官员,他们分别滥用和忽视了他们在立法中扮演的角色。只有当立法者——即议会人士、司法和行政工作人员,他们构成了官僚——理解了将立法称为公共服务意味着什么,负责的公共服务意味着什么的时候,良法才有可能。

接下来的两节将回顾边沁对律师和贵族官员的攻击。边沁所有的著作都包含对律师和高级官员的批评。但是《最大化官员资质,最小化开支》(*Officials Aptitude Maximized, Expense Minimized*)这部作品将批判这两个群体作为具体目标。《最大化官员资质,最小化开支》共11篇文章,包括边沁用来回应柏克、罗斯、皮尔、埃尔登等人的演讲。这些文章值得我们注意,它们体现了边沁最高水平的雄辩术。此外,作者显然很喜欢这些文章,因为他不同寻常地好几次将它们中的某些部分发表出来。[1] [120]我们无需回顾许多英国政治发展史方面的杰出历史学家,他们如何说明边沁的论点在这方面所具有的实践意义和重要性。[2] 这些论文表

---

[1]《最大化官员资质,最小化开支》出版于1832年。《为经济辩护:反驳柏克》(Defense of Economy against Burke)这篇文章1817年发表于《小册子》(*Pamphleteer*),《反驳乔治·罗斯》(Defense against George Rose)也一样。它们都写于1810年。论皮尔和埃尔顿勋爵的文章于1828年发表。

[2] 这并不是说,历史学家都同意,边沁对19世纪的改革(特别是行政改革)发挥了实际的影响。有关边沁主义对于政治发展的重要性这个问题,两边都有大量的研究文献。参见 M. Blaug, "The Myth of the Old Poor Law and the Making of the New," *Journal of Economic History*, 23(1963), 页151—184。J. Hart,《十九世纪的社会改革:一项托利派解释》("Nineteenthe Century Social Reform: A Tory Interpretation"), 见 *Past and Present*, no.31(1965)页39—61; L. J. Hume,《杰里米·边沁与十九世纪的政府革命》("Jeremy Bentham and the Nineteenth Century Revolution in Government"), 见 *Historical Journal*, 10, no. 3 (1967), 页361—375; O. MacDonough,《十九世纪的政府革命》("The Nineteenth Century Revolution in Government"), 见 *Historical Journal*, 1, no. 1(1958), 页52—67; H. Parris,《十九世纪的政府革命》"The Nineteenth Century Revolution in Government: A Reappraisal Reappraised," 见 *Historical Journal*, 3, no. 1(1960), 页17—37; D. Roberts,《杰里米·边沁与维多利亚行政国》("Jeremy Bentham and the Victorian Administrative State") 见 *Victorian Studies*, 11, no. 3(March 1959), 页193—210。

明,边沁对律师圈子和贵族官员的持续攻击并不仅仅是在指责他们腐败。边沁认为,律师和他们的贵族盟友积极地反对政治制度的现代化。两个群体的团体精神(*esprit de corps*)都与边沁认为应当支配公共官员的理念不相符。通过对律师和贵族人士的批评,边沁给出了他对公共服务的不同理解。

边沁一开始用公共服务来指构成立法——特别是那种促进国家中个体幸福的立法——的多种具体行为。但是,当他论述公共服务时,他总会同样强调服务的另一面:服务对服务提供者的影响。边沁从没有对如何最好的回报官员这个问题失去兴趣(II,页230)。边沁认为,公共服务与利他主义毫无关系。立法其实并不是赠给某个民族的礼物。因此,他开始处理国家理论中的一个重要问题:普遍利己主义与理想主义之间的关系。他嘱咐说,满足统治者是功利的一部分。他在另一个语境中说,为了他人而牺牲自己根本不能被称为统治(II,页548)。对边沁来说,服务与服务的回报之间的关系很关键,因为,有了这个关系,统治者才可能负责。因此,在讨论负责的公共服务时,边沁挑选了一个能够同时说明服务对接受者和提供者的影响的典范。他的公共服务的典范是职业化。

边沁知道,职业服务仅仅是众多服务中的一种。他将作为一个整体的社会交往视为服务的相互交换。作为官僚的典范,职业化的替代物是父母对子女的那种照料("原初的"服务)与仁爱之举(I,页338;III,页179)。父母的照料、仁爱与职业化的共同之处在于,在所有情况下,它们提供的服务都是无穷无尽。这种无穷性也将职业服务与经济生活日常事务中的那些私人服务区分开来。但是,职业化才是边沁的典范,而非父母的照料或仁爱,因为后者源自特定个体完全私人的情感。公共服务,职业的公共服务,必须是一般性的,普遍覆盖很多人。在这方面,仁爱[121]较为特别。尽管心理学告诉我们,仁爱行为其实并非完全无私的行为,但是在某些情况下,仁爱行为还是与所有通常的审慎标准背道而驰。边沁承认,仁爱有可能超出自己的普通圈子,扩展至一般公众。但是这种情感很少见①,人们实施这种非凡的仁爱行为的机会也很少(II,页231)。这种情感以及相关机会的同时出现是"偶然的英勇之举"。边沁对公共服务的解释则完全不同。公共服务虽然并不总是例行公事,但在多数情况下,它们是稳定的日常行为轨迹的结果。公共服务来自于惯常工作。边沁竭力指出,惯常工作而非某种特殊人格品质,带来了公共服务。他用职业化来表明,为了使总体幸福得到照料,人们并不需要承认、依赖或教育他人具备德性。无需品格这个概念,事务(包括公共事务)就可以处理好。

对边沁来说,职业化确保能够胜任,体现在服务工作中。标准由同行设立,最终也由同行维持,但是职业人士(专业人士)将这些标准内在化。边沁建议,公共官员也应当常常想到他们的行为是受到监督的。边沁谈论公共服务时脑中想的是职业精神,而非正规的培训或认可。他建议说,职业人士可以成为最好的议会人士。他写道,某人承担官职的能力总归只能依靠猜测,但是,"最可靠的看法来自于他的生活习惯,他对职业的感情,以及最重要的是,来自于同行对他的信赖"(II,页195)。边沁相信,他知道什么凸显了职业精神,什么可以确保人们做出职业行为。职业是一种惯常工作,因为它定期不变地得到回报,收获金钱,也收获尊敬。职业服务与德性不同,自己不是自己的回报。在另外两种公共服务典范——父母照看和仁爱——那里,服务与回报之间无法形成定期不变的关系。这些服务发生的场合以及它们的内容都完全没有限

---

① 边沁还写道,"人们常常将这种公共德性作为精神错乱的典范,但是不能合理地做出这种认定"(IX,页61)。

制。它们仅仅受到父母或朋友的情感的限制,因为照顾子女或帮助邻居没有尽头。这些服务是免费的,自发的,所有的回报都是内在的。简言之,仁爱是不用负责的,不能为感激设定比例,也不能要求强迫表达感激。但是,在职业范畴中,仁爱行为是自觉实施并且[122]以自我利益为本,而且回报使得这些行为成为固定的惯常行为。通过将职业化作为自己公共服务的典范,边沁在现代国家中为家长主义以及(更重要的)品格找到了一个替代物。接下来的第三节将对此做进一步解释。

边沁并不是没有意识到,职业化与公共服务可能发生冲突。也许,第一次对专家和公共意见间关系的极度关切正是出现在边沁的著作中。在18世纪政治思想中,知识支配意义上的政治侵犯是一个普遍话题,但是边沁并没有仅仅攻击教士。他还攻击了律师,不仅仅是作为一个拥有自己利益的团体或阶层,而主要是作为一个职业。律师界同仁是职业化危险的一个缩影。他写道,它的团体精神反社会(II,页368)。因此,毫不奇怪,另一个边沁最常提到的作为他公共服务典范的典型职业是医疗(II,页212)。他的目标是说明,一种拥有做事负责的团体精神的公共服务是可能的。

一、法律职业

在边沁的有生之年,他的名声主要来自于他对法律职业的攻击,而且他现在仍然以谴责律师而闻名。律师引起他的注意是因为,这些人通过法庭上的行为,成为英国法的制定者。但是,边沁写道,与人们一般的看法不同,他们并不是英格兰真正的恩人,他们不配获得现在享有的那些尊重(III,页326)。他们制定法律,但并不提供公共服务。律师提供的那些职业服务——也是它们获得回报的那些服务——所产生的结果可以证明具有公共危害性。

律师将普通法奉为最高,但是他们这么做并没有提供任何公共服务,因为他们并不公开立法。他们掩饰自己的立法行为。他们声称,法律就在"那"。他们仅仅在具体案例中通过遵循先例或业已存在的法律权威关系来发现法律。作出某个判决并不是基于他们的理性,而是基于"法律的理性",而这种理性一般人是无法把握的。边沁指出,如此一来,律师就享有了一种特别的不负责。他们有关独立于任何外部判断的主张之所以能被接受是因为,他们还同时主张,自己其实并不完全独立。他们声称,自己并不会做出政治性裁判或声张个人见解,而是服从某种更高的权威。这种主张是职业人员的典型主张。边沁也[123]并不指望,甚至是负责的官员能够在这方面与职业人员完全不同。但是,就普通法体系中的律师界同仁而言,这项主张是危险的(更不用说是虚伪的)主张。即使先例被严格遵循,法律领域内唯一恰当的更高权威也只能是功利原则。边沁坚持认为,没有什么可以取代对于功利问题的直接考虑。此外,普通法甚至连连续性都无法保持,因为"先例比功利更容易确定"这个说法完全与事实不符。

边沁确实承认,普通法的内容与功利的要求在实践中相符的情况也存在:先例和公共善(de bonum publica)并不总是冲突。即使如此,他还是很看重"律师不制定法律"这个说法。他的理由很明确。首先,如果立法者在现实中无法确定,他们就无法因实际服务而获得回报,而只有一个回报制度能够拉近明与仁爱之间的距离,并使得功利立法变得可靠而不是一种偶然。边沁多次在这个语境中,运用医生的例子指出,内科医生医治失去意识的病人,应当享有获得报酬的法律权利,这样才能激励未经请求主动医治的行为。从这个角度来看,对边沁来说,问题并不在于每个案例中普通法的内容,而在于功利立法是否成为一种惯常职业。无法追踪至某些可归结的立法者的立法都是专断的(V,页556)。

一个相应的反对律师有关"他们发现法律"这个主张的实践论证聚焦守法问题。功利是一条形式性的程序原则。它确保在制定法律时，所有欲望都被纳入考虑。当一项法律造成痛苦并扰乱预期——所有法律都是如此——如果这项侵害是功利计算的结果，那么情况就大不一样。边沁认为，如果法律话语和欲望话语相一致，那么这部法律是一部功利法律。这种一致性驱使人们服从法律。但是，根据先例得出的裁决并不使用感觉话语（language of sensation），即使这些判决符合功利的要求。普通法既不将具体的欲望作为自己的依据，也不诉诸具体的欲望来获得强力。如果普通法与功利相符，它应当放弃自己的"技术"话语，因为如果它不真正转化为感觉话语，它就隐藏了一种秘密的意涵。当然，边沁认为，普通法的技术话语包含的那些拟制，其含义无法转化为感觉话语，且这种非功利内容要么是盲目的习惯——[124]某种现在已经无法理解的古代功利的残余——要么是法律职业的邪恶利益。

边沁对律师这一行的攻击聚焦"法律是被发现的"这个核心拟制。这不仅是为了指出普通法与功利立法的差异，还因为整个英国法律职业作为一种职业基于这个拟制。律师没有因为制定法律获得回报，而是因为提供私人服务（为客户提供咨询或在法庭上提供辩护）而获得回报。这些私人服务与功利之间存在冲突。只有在下述这种体系中，辩护人才是必要的，即：法官根据辩护人陈述的事实和法律论证来发现法律。边沁认为，有了功利法典，对律师的需求就肯定会减少。法律基本上可以说就"在那"，只有事实需要陈述。法官自己也可以收集证据。同样的，如果法官即刻确定法律并当场宣判，那么律师职业就会受到限制。这是仲裁或"调解"，而边沁苦思冥想了一个"家政"司法体系。无论哪种情况，几乎都不需要辩护人来进行法律论证。

因此，边沁要反驳"法律是被发现的"这个拟制，因为律师的职业服务——陈述证据和法律论证——基于这个拟制,而边沁认为,这些服务都是公共危害。就证据而言,律师有点像牧师。他们请求自己的客户信任自己,他们不被强迫向法庭透露信息。他们隐藏证据,不鼓励说实话,妨碍正义(IX,页590)。由于人们拒绝说话或撒谎,法庭无法获得信息,这是一回事;如果人们不遵从法律,有些事情无法为公众所知。但是,国家许可一个其提供的服务包括协助撒谎的职业这就是另一回事了。普通法的证据体系没有为鼓励诚实做出一点贡献,但却尽其所能地鼓励胆怯(VI,页254)。边沁写道,在牧师和律师的指引下,人们养成为了作伪证的习惯(V,页326)。与此类似,律师在为某个案件的法律争辩时,他们诉诸那些有利于其当事人的先例。用边沁的话来说,执业律师这种人"随时准备为了一畿尼(英国的旧金币,值一镑一先令)的钱而颠倒黑白"(X,页237)。在边沁看来,律师的职业立誓忠诚于同行,而非立誓捍卫知识或公共服务。律师与自己同道的纽带比他致力于法律的理性运作的信念更为强大。法官只能从辩护人所做的案件事实如何符合某个先例的论证中[125]发现法律。在这个程序中,相同的规则并不同样适用所有案件。律师和法律精神可能冲突。实践中,普通法并不是普遍法,而是某位法官做出的命令,并且仅适用于某个个体。边沁坚持认为,受雇于诉讼当事人,律师"怀着与正义目的彻底相反的利益行事"(IX,页592)。

边沁也整理了一些材料性论证来说明,法律职业与法律价值之间的对立。他知道,诉讼的邪恶并没有得到合理地说明。现有的收费制度——法律程序基于这项制度——有利于富人。他写道,法律是一件压迫工具。法庭是一间"正义商店",只要有足够的钱,任何人都能买到一张传票,随心所欲地给某人制造痛苦(VI,页101)。此外,法律同行的职业服务——已经被证明是公共危害——常常也是一种私人危害。律师的客户可能会成为受害人。

正如边沁著名的邪恶三合一所示,案件当事人常常遭受烦心事、费用和延迟带来的苦恼。所有职业都建立各自的程序和报酬制度,而法律职业成功地将费用最大化,将付出最小化,最恶劣的是——与医疗行业不同——还进行交易(II,页209)。边沁认为,议会在法庭收费制度中串通一气,这就为作为最高法院的议会这个概念增加了新的含意。他写道,律师和法官完全没有"不安的感受"。当黑兹利特(Hazlitt)说埃尔登伯爵"没有什么不义之举能让他发狂"时,他是在附和边沁。[①] 律师是"一个强盗黑帮","被许可做未经许可的事","雇佣军","雇佣杀手"(V,448、350—351;IX,页594、596)。显然,边沁在大法官法庭的个人经验激起了他最猛烈且最自以为是的评论,因为他从精神痛苦的学徒工作中得到的唯一回报是对这个强大团体的洞见(V,页349)。他心怀怨恨并对于破除这种特殊的职业病变表示绝望(X,页77)。

边沁指控说,大多数人处于"一种法外状态"(II,页202;V,页353注释)。法外是法律职业当下的特征——并不是普通法制度的那些特殊之处——造成的结果,加重了法律职业带来的那些有害后果。律师构成一个职业是因为他们共享一种共同的语言。边沁称他们为一个部落(I,页254)。确实,这种语言本身构成了他们的特殊知识(并不是法律知识)。因为在一个非普通法制度中,法律被认为是所有人都知道或都能够知道的。但是在普通法制度中,甚至连律师都无法提前知道[126]法官有关法律是什么的裁决。简言之,一种私人语言——有关程序的特殊语言——构成了律师的知识以及职业纽带。边沁知道,所有职业都有某种外行无法理解的共同语言。但是,只有法律职业的语言是一种仪式语言,"仅仅是语词"。边沁写道,它就像牧师神秘的仪式口吻。只有通

---

① William Hazlitt,《时代的精神》(*The Spirit of the Age*, London, 1911),页210。

过相互演说这种语言,通过说出那些神奇的语词,律师才能让法律为人类的事业服务。程序是通向正义的道路,而只有通过这些神奇语词的咒语,某项工作的结果(无论它是什么)才能被正当化。律师如同牧师,是人与裁判之间的中间人。他们的仪式要求当事人常常不能与法官同时在场。人们不可以也无法为自己代言。边沁提出了一个不同寻常的法律改革呼吁,首先是改革法律职业、法律职业的程序以及法律职业的语言。

当边沁比较律师和牧师,当他提出一些心理学论证时,他与同时代法国的激进人士很像。他指出,律师与牧师一样,与希望和恐惧打交道。在别人感到疑惑的时候(有逻辑上的疑惑,也有心理上的疑惑),牧师持有坚定的信仰,他们因此而得到认可。疑惑与信仰相互需要。法律职业的地位同样依赖于一种有关法律的不确定性,有关法律是什么以及法律如何保护某些人或惩罚某些人的不确定。由于人们无法代理自己,他们就信赖他人,而律师界同仁守护知识的誓言就同时也是维持公众无知的誓言。实际上,在边沁看来,律师与牧师之间的相似性并不限于手段,还包括他们的权力范围。他认为,这两个职业关注的问题不存在限制,因为实际上现代国家中的任何行为都会带来法律后果。一般人根本不可能知道,法律是什么,如何实现法律正义。他们也无从知道如何防止将来卷入诉讼。边沁同意,首先是在经济事务中,人们遇到任何危机时,必须咨询某位法律上的"倾听告解的神父"。[①] 总而言之,这个职业实现了"压迫的完善"(II,页395)。

边沁认为,改革势在必行。在一个普通法制度中,律师操纵着证据和先例。事实与法律都必须符合辩护人提出的方案与论证。当事人和法官都不得使用他们自己的语词。他们通过律师

---

① Webber,《韦伯论经济与社会中的法律》,前揭,页317。

的特殊语言来发声。在所有法律制度中,律师都控制着司法正义的程序入口。在这个语境中,结果常常[127]是正义的挫败。但是,还不止于此。另一个影响是鼓励不诚实,或至少是使得人们不可能为人真诚。诚实是责任的核心要素,也是边沁聚焦的唯一个人品质。没有什么比诚实更重要的了。法律职业并不为在法律上负责这个目标服务。实际上,法律职业威胁诚实,就威胁了功利立法这个理念。立法有关表达和满足欲望。只有当民众和官员都习惯为自己讲话时——使用旨在实现共识的语词——立法才有可能实现。

边沁的攻击其实还不止于此。律师并不是自己的行动与负责的公共服务相对的唯一同仁圈子。实际上,边沁常常将自己对法律职业的攻击与不那么恶毒但却在某些方面更为深入的贵族官员批判放在一起。他对这两方提出的指控具有互补关系:律师篡夺并滥用立法权;贵族官员则放弃立法权。边沁悲叹道"所有人的事成了没人管的事"(III,页506)。同时考察两者,我们可以了解得更多(I,页244)。与职业人员一样,贵族官员构成了一个团体。但是这个组织的基础并不是职业人员的那种基础,即共同的语言。此外,律师还有一个贵族不具有的优点:即使他们的团体精神反社会,他们还是通过其职业行为,承认服务与回报之间的规律性关系。与此不同,在边沁看来,贵族官员当时的基础仅仅是他们共有的政治地位,虽然他知道,官员对这种不光彩的刻画并不满意。他们声称,荣誉是他们的独特标志,而不仅仅是承担官职。因此,边沁从两方面来攻击贵族官员。一是贵族官员缺乏职业化。二是他们自称的荣誉。他们的荣誉既不是古典的那种附着于德性的荣誉,也不是附着于出身的传统贵族荣誉。他们的荣誉是一种变质的荣誉概念,完全无法约束和调整官僚。

二、贵族官僚

对大部分改革者来说,攻击贵族政府之所以必要是因为事态正在恶化,这些人声称,他们目标是恢复已经遗失的宪制的平衡或宪制的纯正。① 边沁也认为,腐败在增多。他甚至惊惧地谈及"国家的毁灭"(I,页 245;III,页 438)。② 尽管如此,激发他展开攻击的不仅仅是政治腐化。[128]他的语调,与其说是愤怒、绝望,不如说是讽刺。因为,在边沁看来,他的攻击之所以可能,之所以言之有理,是因为贵族官员的理念本身发生了重大的改变。在他有生之年,边沁目睹了贵族官僚的维护者在官职的对象和官职的回报的问题上开放公共讨论。边沁写道,柏克就暴露自己的侧翼,暴露自己的原则(V,页 282)。官员加入了一场"笔墨之战"(V,页 282)。边沁的政治抨击文章被收录在《最大化官员资质,最小化开支》中,包括了他对柏克、罗斯、皮尔、埃尔登等人演讲的回应(V,页 263—382)。简言之,这些贵族官僚的维护者坚持认为,官职与荣誉之间存在某种关联,但是他们的演讲却反映出他们对荣誉概念缺乏思考。结果,他们破坏了贵族官僚的主要基础,实际上呼唤了一种新的公共服务观的到来。

正如边沁看到的,所有关于荣誉的讨论都表明,这个概念已经失去了它的重要意义。当荣誉有意义时,就没有什么值得说的,因为荣誉与奉行荣誉之间存在必然的一致。荣誉的内在形式(尊严或骄傲)与承认荣誉的外在标志(尊重)保持一致。被理解为等级

---

① J. R. Pole,《英格兰的政治代议制与美国共和制的起源》(*Political Representatin in England and the Origins of the American Republic*,Berkeley,1966),页 435。
② 边沁总是同样责怪王权和腐败的官员。边沁认为,重要的是体制的构造而非个别的滥权行为(IX,页 65—66;II,466)

或贵族出身的荣誉就"在那"。德性品格的荣誉也一样。为奖励（比如说）勇敢行为而设定头衔称号的规则固定不变。用边沁的话来说，显著的英勇行为"自己就是对自己的证明"（II，页230）。当然，边沁赞同，为了使人们奉行荣誉，荣誉应当得到赞扬，但是如果从公众那里索求某人应得的荣誉，那么就有些问题了。此外，当荣誉（如传统上那样）指向某人本身（他的等级或个人品格），那么缺少外界认可就被认为是可以忍受的，因为荣誉一向被认为是它自己的回报。边沁指出，骄傲并不用解释自己。谨慎使得人们不会去要求尊重。因此，柏克、罗斯、皮尔、埃尔登等人的演讲为贵族官员索求公共尊重，就表明荣誉概念的消解，而边沁只需要说明这样做的后果。荣誉不再指向品格或出身方面的骄傲。恰恰相反，它指向某种完全外在的回报。所有这些演讲人都好像在说，荣誉是一种可以向享受服务的公众索要的回报。按照这种观念，官职不再像以前那样是它自己的回报。那个时候，公共服务被认为会影响提供者的品格或使他获得救赎。[129]现在，就连贵族官员都从公共服务对接受者的影响来看待公共服务，称荣誉是回报的酬金。这样一来，官僚就（无论多么不愿意，也无论怀着何种目的）进入功利的范畴，而荣誉则无立足之地。

边沁很清楚，这种尝试冒险进入功利地盘的做法是言不由衷的。他认为，柏克在四位演讲人中原则性最强，但是他的原则并不包括功利。通过他"无与伦比的技巧"，柏克仅仅是为了自己的目的，玩弄有关服务的影射，玩弄接受服务的公众，小心权衡他的语词，为自己改变主意留出余地（V，页299）。但是，至少，柏克将国家的福祉纳入自己的视野中。与之相反，皮尔和埃尔登毫无原则。他们有关承担官职是一项服务，而荣誉是公众给予服务者的回报这个宣称，仅仅是一个宣称，或一个誓言。边沁对此并不买账，他对所有誓约都不相信。它们仅仅表明了，对服务的真正职业化的理解与

"仅仅停留在口头"的职业之间的差距(IX,页60—61)。皮尔和埃尔登是贵族官僚的维护者,他们知道自己处于守势,因为他们察觉到了自己不敢抛弃的功利基础具有怎样的危害(V,页377)。边沁会赞同黑兹利特对"改革者"布鲁厄姆(Brougham)——"被自己弄出来的声音吓坏"①——的评价,并将这种评价用到皮尔和埃尔登身上。在边沁眼中,罗斯是等级和荣誉的真诚捍卫者,但是罗斯有点自欺欺人。罗斯似乎没有意识到,功利的话语——与官员尊严的传统自信以及诉诸大众慷慨一起,潜入他的演讲中——仅仅加速了荣誉的消解。

简言之,边沁对贵族官僚的攻击路线是由这些演讲人划定的。他指出,他们都虚伪。事实上,这些演讲人想从公众那里得到的回报不是荣誉而是金钱。他们拿到的那些钱也不能被称为服务的回报,因为贵族官员大部分都不提供服务。他们的顶多承担些闲职。他们得到的津贴是掠夺而来的索取。

《最大化官员资质,最小化开支》较为小心地考察荣誉的命运。柏克和其他人对荣誉概念的一个改变是将公众作为荣誉的来源。人民不仅被号召奉行荣誉,而且被号召授予荣誉(IX,页78)。② 边沁反对说,这种诉诸人民的做法完全是修辞。[130]例如,柏克这位贵族官僚最"有原则的"捍卫者,就卷入到与王权的斗争中,后者是荣誉的传统来源。③ 边沁很确定,柏克诉诸人民仅仅是一个姿态。他这样做是为了使官僚(特别是议会人士)不受王权的影响。边沁很清楚,柏克意欲官员同样独立于人民。边沁认为,要证明柏

---

① Hazlitt,《时代的精神》,前揭,页204。
② Harvey C. Mansfield, Jr.,《治国之才与政党政府》(*Statesmanship and Party Government*, Chicago, 1965),章6。
③ C. S. Montesquieu,《论法的精神》(*The Spirit of the Laws*, New York, 1949),页25。

克在将荣誉称为服务的回报时是一种虚伪,最好去看一看公共服务是什么。在边沁看来,大多数公共服务并不在于做出如英勇行为那样的突出勋绩。对社会福祉功利最多的行为是一系列日常行为,一种没有变化的、平稳固定的行为(II,页230—231)。如果公共事务的日常工作没有被宣扬传播,如果柏克不想让官员行为被人们仔细监督,那么公众如何能够回报这些服务?边沁意识到,许多公共服务就是没法获得公共荣誉这样的回报,因为如果所有服务都属于日常行为,那根本就没有任何事实、行为或情境可以证明他们的德性。

边沁还指出了荣誉这个观念的另一种变化。过去,从人的等级推演出的是人的品格,但是这些演讲既为来自"受尊敬的"家庭的官员辩护,又为高贵的官职占有者辩护(V,页306—307)。这些演讲以几乎难以察觉的方式,号召公众给予官职占有者以荣誉,无论他们具体是谁,也不管他们的个人品格如何。这种号召基于这样一个假定,即:作为官员,他们在提供公共服务。边沁发现,荣誉基于官职占有者本身而被自动赋予(II,页230、412)。他用皮尔的演讲来表明这点。皮尔谈及警察长官的荣誉,但是皮尔用来衡量荣誉的尺度并不是功利,因为它没有在任何地方指涉某些具体明确的服务。此外,在皮尔的演讲中,荣誉也和等级或品格没有任何关系,虽然它们在过去一直与荣誉相伴。边沁指出,那篇演讲表明,根本就不是公众在给予官员以荣誉。荣誉被自动地赋予官员,而且由官员自己来宣布(II,页424)。在这方面,官员在效仿古代荣誉之人的同仁圈子,它基于相同身份的人的相互承认。只有在这里,相互尊敬自动产生。在历史记录中,许多杰出人物都是一个样子。与此类似,对于所有官员来说,无论职位高低,有一种普遍的优秀品质,只不过根据相关部门的不同性质而略有不同(V,页330)。[131]荣誉既不是诱因也不是回报。它被化约为颂词。它指向的唯一一个人品质是虚荣。(边沁还发现,这种虚假的荣誉——它是许多共同组织的纽带——几乎不会满足于杰出。它通常会对外部人士呈现敌意。边沁在这里不止一次提到了盗贼的荣誉,I,页 428。)

在边沁的解释中,贵族官员站在两个世界之间。他们其实并不从他们对公共幸福的影响——他们对此可以主张得到回报——这个角度来打量服务。但是,他们也没有将服务视为其本身的回报,即一种展现德性或获得拯救的途径。这是一个新的情况并成为边沁攻击的核心。贵族官员继续主张他们的清廉:"政治世界",边沁嘲笑说,"双方都同意,被划分为两个对立区域;大部分人的世界与少部分清廉之人的世界"(X,页 81;IX,页 60)。实际上,官员甚至主张,担任官职是一种牺牲:柏克说,官职使人们离开私人事务。但是,他们并不满足于这种牺牲带来的骄傲,他们并不将骄傲作为自己与众不同的标志。因为,实际上,所有四位贵族官僚捍卫者都想要为官员争取更多的金钱报酬,荣誉和牺牲之说都是为要钱增加说服力。荣誉的话语仅仅被用来提高服务的价格。荣誉——官员的伪币——是获得其他好东西的手段,其中包括某个职位的财务保障。柏克写道:"如果他(官员)要确保,国家没有遭受任何损失,那么国家就必须确保,他的事情尽量不要去管。"(V,页 293)

边沁觉得,柏克的坦白异乎寻常。边沁不知疲倦地指出,这标志着荣誉这个概念的空洞,这样一来,贵族官僚的主要基石就瓦解了。即使荣誉从来没有真正保持无私,但至少传统上有关清廉的说法表明,有荣誉感的人将自己与向往金钱的普通欲望拉开距离。荣誉应当是其他满足的代替品,一种更高级的代替品。在法国,甚至下层阶层都有某种荣誉感,并知道荣誉的典型标志是蔑视金钱。边沁写道,英国法反映了这种经过变化后的态度并将荣誉视为毫无价值，边沁写道：英国法认为丧失名誉的后果仅仅损失金钱，没有其他什么了（I，页542）。边沁对这些贵族官僚的捍卫者提出了一个致命的问题：随着财富增多，高贵是否会变得不那么高贵，可敬是否会变得不那么可敬？（V，页307）。贵族官僚确实指望公众——不是指望他们授予或奉行荣誉，[132]而是指望他们拿出钱。财富是从官职中得到的好处。只有罗斯将金钱视为保持高贵外观的方式（V，页268）。他认为，没有大笔财产的贵族头衔是一项负担（II，页201）。他的倾向是货真价实的审美主义。边沁写道，罗斯长久地站在门的另一侧进行观察，渴望着波特兰公爵、利物浦伯爵、卡斯尔雷子爵大人的勋带和头衔，羡慕并努力追赶贵族的品位。边沁宽宏地承认，罗斯是"真诚的"。罗斯实际上通过官职占有者的等级与品位来确定某个官职的价值。但是，皮尔和埃尔登谈论荣誉都是指为了提高服务的价格（V，页268）。对他们来说，金钱就是一切。官职是满足贪心的手段。总而言之，这些演讲表明，贵族官员已经开始将自己视为经济人，并且改变了服务和回报的条件。这是边沁在《最大化官员资质，最小化开支》中的主要论证：在对高级官职的算计中，荣誉和权力变得毫无价值。

尽管如此，几位演讲人之间的差异对边沁来说还是很重要的。他小心避免模糊这些差异。罗斯自欺欺人。皮尔和埃尔登虚伪。但是，柏克是有原则的人，边沁对他最感兴趣。边沁颇有些讽刺地称自己为柏克的"幼子与尚在世的家人"（V，页282）。柏克毕竟开辟了有关公共经济和薪水（作为一种有益的回报）的讨论（V，页198）。边沁努力想要解释柏克有关经济改革的思想。在柏克脑中，公共服务的本质以及提供公共服务的那类人似乎交汇于一点。牢固的产业事实上构成了两者。有牢固产业的人愿意"牺牲"和忽视自己的私人事务和大家庭的家庭事务，他们是应当占据官职的

第六章 负责的公共服务

人。他们提供的服务就是占据这个职位,从而保护人们避开"炫耀的野心",避开那些可能凭借王权或人民掌握权力的冒险家。柏克在论经济改革的演讲中建议保留那些闲职:他警告说,如果……有德性的野心被切除,那么公共存款就会成泡影(V,页290)。看似无私并无偿提供服务的人,可能会掌握权力并榨取国家的钱财(V,282、291—292)。柏克指出,装模作样地假装出一副英雄德性的样子最充分的表明,此人属于"卑劣而腐化的挥霍者"(V,页296)。如此来看,牢固的产业不仅仅确保了良好品质(merit),它本身就是良好品质。

边沁用激烈的语气加以回复。他承认,这是一个强有力的论证,[133]但是它依然是错误的。柏克对财产的关心使他犯了一个边沁所说的常见的错误。他混淆了国家繁荣的"阻碍性因素"与"促进性原因"(VIII,页277)。柏克设想,国家的繁荣就于它的权力滥用,而"抢劫"公众会使得财产得到保护。这并不意味着,边沁反对富人占据官职。例如说,他赞同出售官职这个想法。① 虽然他相信,贫穷和抱负是完成工作的最可靠的动机,有牢固产业(而且好逸恶劳)的人通常无法成为最好的公共服务者,但是他实际上还是接受了这些人的权力。他同意,富人是"天然的贵族"。在日常时候,等级和财富最有可能使选民达成一致意见(II,页312;III,页447)。"如果大众选举权获得最大限度的自由,那么总体而言,民众最有资格来评判且最容易获得他们尊敬的良好品质是富有"(II,页249)。在边沁看来,在任何情况下,财富与良好品质之间都不存在无法避免的对立,而且财富与良好品质之间的区分并不是

---

① 边沁竞拍官职——首先要确认竞争者具有相同的资质——的理由与柏克保留闲职的理由一样,都是为了节俭。人们愿意出钱来提供服务,这在边沁看来似乎表明,荣誉确实在激发公共服务方面发挥了某些作用。

他与柏克之间的主要分歧。两人之间的分歧在于,边沁区分了良好品质与裙带关系(favoritism)。

边沁认为,柏克对于那些占据官职的人做出了完全错误的判断。他们大多数不是有牢固产业的人;他们这些人将官职视为致富之路。他们并没有忽视自己的私人事务。他们将占据官职变成了一桩生意。边沁指出,实践中,大笔财产是利用官职产生的(V,页290),而且即使不总是为了他们的大家庭,那也是为了他们的朋友和亲戚。准确来说,官僚并不是真正的同仁。官僚并不是由地位相同的人或身份相同的人构成,而是由依附者构成,这些人通过对那些将官职偏袒于他的人的需要和对他们的感激之情结合在一起。

皮尔的演讲完美展现了这个正在运转的体制。对荣誉和德性的含糊其辞无法掩盖皮尔的真实目的。他通过赞扬当前官员令人满意地履行他们的职责,来引入他的治安官员加薪法案,但是他接着建议修改这个岗位的入职条件并提高其薪水。皮尔想要由辩护律师来占据这些官职。他认为,辩护律师不同于"排斥律师界的人",也不同于地方无薪的长官(现在莫名其妙就变得在才能方面有缺陷)。边沁觉得,自己很清楚皮尔此举背后的用意。在皮尔看来,辩护律师真正的不同之处在于,他们觉得现在的薪水水平太低了。皮尔在为治安官员寻找最贪婪的候选人,[134]因为在现有体制下,较高官职的价值由较低官职的收入水平决定(V,页268、339、352)。因此,皮尔的荣誉话语并不是没有给公众增加任何负担。它提升了服务的价格(II,页201)。"按照惯例,账单中的总额是空出的。"边沁指出,"按照惯例,这个空由大臣的辩才来填上"(V,页329)。他补充说,党派根本解决不了这个问题。党派并没有创造出一个"内部公众"来就回报问题提出异议(II,页310)。"内部人"拥有的东西是"外部人"想要的东西(IX,页74)。因此,

第六章 负责的公共服务

这里根本就不存在什么牺牲私人事务。公共服务就是私人事务。贵族官员既没有职业人员的服务观,也没有经济人的生意头脑。官僚的运作基于裙带关系,其目的(即使对拥有牢固产业的人来说也是如此)是赚钱。边沁强调,这些演讲记录了一种腐化的体制,而不是一些腐化的孤例(IX,页66)。边沁认为,在回报这个事情上,专断权力获得了它最后的庇护所,而且边沁这里并不仅仅是在说王权。

边沁知道,当涉及王权对议会的影响时,柏克对裙带关系和腐败保持警觉。但是,柏克还是支持形成裙带体制的那种感激型纽带。实际上,柏克想要激励大家族及其依附者之间的这种纽带。他希望这些人组成议会和官僚,并形成对议会和官僚的控制。柏克认为,存在可以切实奖赏公共服务的途径是宪制和国家理性的一部分,这个途径不包括"从王权……收到的日薪"(V,页287注释)。对柏克来说,控制裙带关系是一个宪制问题。边沁则对王权和下议院的关系谈得较少。他并不推崇均衡。均衡对他来说就是瘫痪(III,页450)。他眼中比较重要的一个分权就是立法权与司法权的分离。他不那么关心如何使得法庭免受政治干预,而更关心负责的立法与普通法之间的区别(IX,页181—189)。然而,他承认,如何运用奖赏来平衡一个混合宪制确实有点"门道"(II,页202)。如果说英国宪制在他看来并不是最好的体制,但也至少是直到美国现在的体制为止最不糟糕的宪制(I,页240;IX,页187)。这个宪制的长处确实源于下议院。但是,采用柏克的那种体制,宪制同样会被颠覆(III,页507)。柏克想"马上压制对手的力量,与此同时,最终保存并增强攻方的力量"([135]V,页282—283)。他仅仅建议将奖赏的源头从王权转到议会中的大家族。边沁认为,无论依附和感激通过哪个方式流通,都无法带来公共服务。无论官员之间如何分权,"腐败都会将他们联合起来"(IX,页123)。无论情况如何，议会都无法履行其持续对官员行为作出评价的宪法义务（III，页491）。英属印度就是纯粹贵族议会统治的例子：它腐败，而且，揭发滥权的人最后都没有好下场（IX，页195）。艾尔登的演讲揭示了，议会在裙带关系和欺诈上的合谋，这些都是大法官法庭制度的突出特征（V，页348、353）。通过设置法院收费，艾尔登接手了议会的税收权，违背法律，为自己谋利。在经过漫长的延迟，带着明显的勉强，议会审议了此事，运用普通法提供的掩护避免了对艾尔登不利的行动。议会仅仅认定，由于这是一个存在已久的做法，所以前任法官肯定是看到了某些理由才会认为这项收费符合法律；"必须被认为已经给予认可了"（V，页355、362、265）。边沁认为，这个结果并不令人奇怪。毕竟，议会是最高法院，也是艾尔登的同盟。艾尔登这件事的唯一好处是清楚展现了议会在这个体制中的合谋角色。无论是王权通过裙带体制控制议会，还是议会通过裙带体制控制政府，议会对大臣行为应有的控制都完全不见踪影。

最重要的是，边沁想要说明，柏克让议会独立于王权的想法同时也意味着让议会独立于人民。边沁并没有在这里说明，自己对议会和公众的关系的看法，虽然这个关系比议会和王权间的关系更能突出现代国家的性质。他的政治目标是要说明，柏克诉诸人民是虚伪的做法。柏克惧怕人民。他在削减退休金的同时保留了那些闲职，因为退休金列表将被公开并将受到监督。柏克较为支持"秘密的手"（V，页289—290）。边沁对柏克的评判较为严厉：柏克的规划是没安全感的人的孱弱体制。希望摆脱王权，摆脱旧的支持者，但却惧怕人民，柏克的贵族官僚在两个政治世界间左右为难，犹如夹在荣誉的世界与经济原则的世界之间。边沁指出，那些诉诸人民的官僚辩护者，[136]他们这样做是出于一种未知比例的"大度和脆弱的混合"（IX，页178）。艾尔登仅仅察觉到了自己职位的脆弱,他通过激起自己同僚的恐惧和抵抗,来应对自己遭到的指控。他警告说:"如果每个占据高位的人……都成为诽谤和污蔑的对象,那么你们的贵族身份也会为你们带来同样的遭遇。"(V,页377)

除了柏克对牢固产业的执迷外,边沁并没有发现"有原则的"柏克,提出了某种有关服务和回报的原则。柏克鼓励政治人之间的友谊,希望他们保持他们生来就有的是非习性(V,页291),但是边沁看不出来,这些习性究竟是什么,除了反抗暴君论外。他与柏克之间的距离很明显。他关心的是立法事务必须得到落实。他甚至愿意牺牲议会的弹劾权,如果保留弹劾权意味着议会将只担负它"次级的"司法责任而把立法的事搁在一边的话(V,页504)。实际上,边沁是如此关心高效的立法,以至于提出,提案可以在两届议会间连续进行,从而背离了年度议会的激进立场(IX,页170)。与此不同,除了提到议会是对执行机构的一种控制外,柏克根本就不讨论议会行为。边沁直接攻击柏克:公共事务交给"有抱负但缺乏自信的廷臣"比交给柏克的绅士以及他们依附者更好。要不是因为廷臣,"腐败之子",国家事务将完全停滞。边沁写道,王权自身并不是一个完美的闲职(III,页506)。实际上,唯一没有遭到边沁鄙视的官员是臭名昭著的收税人员,他们是中央政府政策的少数工作人员之一(III,页505)。① 边沁的要点是,柏克这种依赖于大家族的体制,不仅在道德上而且在制度上都是虚弱的。边沁抨击裙带关系的主要论点是,它没有产出任何政策。边沁承认,裙带关系本身带来了一些好处,而无论裙带关系采取什么形式,我们只有基于其效果,才能评定接受或授予某项好处是邪恶的(IX,页66)。简单来说,贵族官僚及其回

---

① 边沁特别批评了治安法官(IX,页524)。

报制度的邪恶在于无能(IX,页187)。有位历史学家曾说,英国政府是贵族制和无政府的混合。① 这位历史学家呼应了边沁,后者认为,英国政府是"君主—贵族专制,[137]再加一点无政府"(IX,页153)。在这个体制中,再一次,"所有人的事成了没人管的事"(III,页506)。

边沁对裙带关系和舞弊的所有抨击的背后是一个针对柏克、罗斯、皮尔和埃尔顿的强有力的论点。贵族官员其实是满嘴陈旧的荣誉之说的经济人。只有罗斯认真对待荣誉。他没有认识到,在一个经济世界,双方都不需要慷慨(V,页304)。对柏克来说,财富本身显然是值得称赞的,但是除了关注财产问题外,柏克并没有接受那些经济原则。边沁指责他对国家繁荣的真正原因不够敏感。边沁坚持指出,所有官职和收费都是对人民财富的征税:"回报只能来自于人民的劳动以及来自于人民财产的某些款额"(II,页204)。边沁以一种少见的阶级分析指出,所有贵族家庭由退休金和闲职供养着,而其他的家庭(既非贵族家庭,也不是受人敬重的家庭)则被挤到贫困阶层中(V,页306)。但是与往常一样,边沁的主要论点在于,所有人都将遭受打击。边沁说,为了创造荣誉,王权已经耗尽了自己的领地。如果要坚持常设奖赏和慷慨的理念,那么议会可能要侵吞掉全国所有的产品(V,页306;IX,页79),因为柏克指望人们的财产成为"保险金的永久储备"(V,页283)。边沁对于国家繁荣并没有特别担心。他想说的是,柏克的回报概念不包括任何限制,它少说也是划出了"通往国家毁灭的道路"(III,页435)。嘴上说着荣誉,心中却无骄傲,想要获得财富但却无视经济原则,贵族官僚被夹在两个世界之间。边沁写道,贵族官员使得自己遭受"邪恶和挥霍这两方面的非难"(V,页282)。他们将两个世界最糟糕的部分结

---

① Elie Halévy,《1815年的英格兰》(*England in 1815*,New York,1961),页588。

第六章 负责的公共服务

合在自己身上。

边沁发现,贵族官员以此方式来通过官职谋求金钱是有些讽刺的做法。较低等级的堕落(柏克非常担心的那种对财富的嫉妒渴望)会影响他自己所在的等级。想要不劳而获的欲望是实实在在的危险,但是容易被诱导走上犯罪之路的可不仅仅是那些穷人。皮尔和埃尔顿都证明了这点(II,页249;IX,页62)。官僚常常进行"掠夺性勒索"(V,页268)。边沁写道,官员才是人群中的败类(IX,页57)。如果看着柏克的表情,"民主会偷偷地取笑"(X,页267),那么柏克只能怪自己,因为公共舆论是在下议院的"羽翼下孵化出来的"(IX,页187)。[138]再一次,边沁的看法肯定是这些论服务和回报的演讲自己招来的。

边沁认为,贵族官员怀有经济人的欲望,却没有经济人的优势。毕竟,贵族官僚并不是生产阶层——其工作是行善,因为他们不仅要保存自己,而且还要让其他人得到满足(IX,页162)。但是,最能够凸显贵族官僚和经济人之间距离的是柏克的财产独立概念。经济人实际上是根据一种被亚当·斯密提升为一套思想体系的理解方式来生活:他们的财富是某个社会体制的一部分。经济使人们屈从交易体制。边沁有时候更喜欢将社会交往视为一种相互服务体制,但是这两种观点都意味着,财产实际上并不比荣誉更加独立。柏克的独立绅士理念否认这一切。这个理念表明,柏克无法克服有关分立和独立的幻觉。柏克其实并不需要担心生产阶层进入政府,因为对于他们来说,没有什么比抨击财产"更不明智"的了(V,页297)。经济人至少明白竞争原则,这项与裙带关系不相容的原则(V,页294;IX,页287;II,页225、228)。边沁指出,如果真正的焦点是节俭,那么必须从私人服务的角度来打量公共服务(V,页294)。边沁还警告说:"因此,一位正直的主权者不给予任何东西。他买进或售出。他的仁慈在于节俭。"(II,页202)①皮特开创了一个竞拍政府契约的公正自由制度,从而证明柏克的想法是错误的。但是,在边沁这里,竞争并不是一个纯粹的经济概念,它也是一个心理学概念。裙带体制无法促进人们尽心尽力,也无法确保提供服务,特别是那些能够无限改进完善的服务(II,页235)。这里的要点在于,在边沁脑中,经济人理解他们的相互依赖,并在竞争的限制内活动。与贵族官员相比,他们在洞见和功利方面都有优势。

没有人比职业人士对这些问题更为自觉。尽管边沁蔑视法律职业,但是当柏克用美洲人处于事务律师/推销员(solicitors)的统治下这个双关语来批评美洲的民主时,边沁表示反对。职业人士的生计基于他的名声,他的名声则基于同行和公众的监督,依赖显而易见。而且,在某种意义上,对于职业人士来说,[139]荣誉是一种刺激和回报。正如本节所示,边沁批判贵族官员的论证并不仅仅在于,贵族官员已经变成没有经济原则的经济人,而且还在于,他们摒弃了他们自己的原则:荣誉。边沁通过将职业主义作为负责的公共服务的典范,来为官僚重新获得某种荣誉。

三、负责的公共服务

边沁在《最大化官员资质,最小化开支》和《回报的依据》(*Rationale of Reward*)中都没有像在《宪法典》中那样,详细说明那些构成公共服务的具体行为。他指出,对于每个官职来说,根据其职能以及最常见的权力滥用,它们的服务和回报的关系不尽相同

---

① 正如Mary Mack所言,边沁并没有将低成本的政府或者说节俭混同于廉价的政府。他想要好的或高效的政府。Mack,《杰里米·边沁:观念的艰辛旅程》,前揭,页54。

(II,页237)。在这两部著作中,他主要关心更为一般性问题。他想要提出这样一个观点,即:只有采用"有收益就有负担"这个原理,官员资质才能最大化,开支才能最小化。从某种意义上是,这个原理不过是对边沁的"所有政府都是邪恶的,而且还是昂贵的"这个观点进行了一些修改。它还是指向效率这个价值。由于"有收益就有负担"这个以理既指向政府服务,也指向公共服务,所以它还有另一层意涵。

边沁认为,占据某个官职的益处显而易见:权力、金钱以及虚假的(人造的)荣誉。但是,占据官职的负担并不明显,因为即使高效的官职实际上也是闲职。在大多数时候,官员并不劳动或从事公共服务(V,页293)。因此,"有收益就有负担"的一个影响就在于,将公共闲职区别于经济人的生产性劳动。这个原理诉诸边沁和古典经济学家都赞同的心理学。这种心理学认为,劳动是痛苦的。边沁在有关价值的关键问题上不同于古典经济学家。在他看来,价值的来源和尺度是功利而非劳动。但是,边沁仍然经常使用劳动理论的话语——这种理论认为,劳动本身就是生产性的——来推演并强化下述结论,即:由于官员的职位是闲职,因此他们没由从事服务。

"负担"这个术语特别指体力劳动。在边沁那里,"负担"被用来消除官职的神秘性。他将大多数官职视为闲职,是为了让人们不再感到畏惧(他对此几乎有点洋洋得意):"所有人,成年人和孩子,都知道如何游手好闲……"他写道,"对于某项工作,所有人(知道)要得到什么偿付,要偿付什么,[140]但始终袖手旁观不去做"(V,页336)。在将公务称为例行公事时,他也诉诸日常经验。在边沁那里,大多数公共职业都是单调乏味的工作。在大多数情况下,普通官员从事书记员的工作:在标题之下,复制或记录某些内容。唯一需要的才能是字迹清楚。如果他真的做了什么事(任何事),那么严格来说,官职就不是闲职,虽然它"仅仅要求具有一名学生的能力"，虽然只需要一年工作七个月（V，页381）。边沁指出，在大多数情况下，官员必须展现的资质仅仅在于一直集中精力。他将一直集中精力视为正确判断力的一个主要道德成因。但是从贵族官员的角度来看，就连例行公事的高效职位都是闲职，因为具体工作是由副手或下级自告奋勇者来完成。边沁将脑力劳动和体力劳动都归为单调乏味的工作，"身份较高的人觉得，让出身微贱的下面的人来做是恰当的、也很容易"（II，页481）。他解释说，"荣誉"的成本是可以计算出来的，只要看一看在偿付他们的副手后，官员还给自己留下多少（II，页236—237）。只雇佣那些不认为自己高于这份工作的人，这是一条不错的经济规则。边沁警告说："在培植马铃薯的时候不要雇佣荷兰种花人"（II，页241—242）边沁这里的目的显然是政治方面的：他想要减少公众对官员的奉承和谄媚。但是他有关公务的性质的解释并不是他对政府需要什么的最深入的理解，也不是唯一的理解。在《宪法典》中，他具体勾勒了这样一种政府行政，其工作（例行公事）需要训练和经验，其官员至少部分是根据竞争性考核选拔出来的（IX，页191、204—206、265、294—295、304—313、316）。

当边沁写道贵族官僚的上层——法官、大臣、立法者——时，他有关阶层的修辞变得更加激烈，而且与犯罪指控明确结合在一起。① 边沁写道，下议院是一所"自我许可的逃避责任和不遵守纪律的高中学校"，甚至无法提供"一点点服务"。高级官职并不仅仅只是闲职，它们是贵族的游乐场。边沁绘制出了一副空闲和奢侈的图景。官员将议会看成娱乐："议会中的席位与剧院中的座位一

---

① 即使如此，边沁也没有提议要干脆废除下议院。他会确保"那些因为改革而收入降低或职位受到压制的人能够得到充分的补偿"。除此之外，其他的事情都是存心不良。

第六章 负责的公共服务

样,不附加什么义务"——只有不要打扰其他宾客的义务。就如同在剧院中,人们占着一个位置只是因为没有其他地方可以消遣了,[141]进入剧院是凭借"讨要或买到的"门票(II,页394)。这并不是说,边沁敌视奢侈;他认为,富足是寻求温饱的自然结果(TL,页101、136)。他也不敌视闲暇。边沁指出,与其他领域一样,在法律领域,要想有所发现,闲暇是必要的。普莱斯、洛克、牛顿、休谟和斯密这些人,如果他们的脑袋被政治工作干扰,就无法做出那些研究(II,页312)。边沁的要点是,贵族官员并不参与思想劳动。边沁想要消除传统上将官员的劳动与通常理解的劳动区分开来的分界线。他还想将立法描述为一种思想劳动。他指责多数公职人员无所事事。他指责那些高级行政官员和立法者在闲暇时间从事娱乐活动。他不断重复说,公共服务必须是一项惯常工作。

边沁解释说,一个有关回报和惩罚的恰当制度能够使工作惯常化。研究回报制度是他最原初且最坚持的努力。他首先说,回报应当不是简单的感激(II,页236—237)。有时,边沁建议,官员应当像日工那般对待,干多少活给多少钱。但是,他意识到,这种回报方式,如同当前的收费制度,会鼓励官员做生意(X,页336;II,页241)。因此,他建议给官员以薪水,但是这份薪水需要押金,如果他们没有出席或没有提供服务,押金就会被没收。对边沁来说,长期缺席是特别令人头疼的问题(III,页508)。他警告公职人员(包括立法者),缺席没有借口,因为"职业人士、手工业工人都受制于此种损失"(II,页324)。边沁的结论(《宪法典》对此有最有力的表达)是任何回报制度都无法有效地激发官员从事大多数岗位所要求的服务。只有惩罚能够带来"绝对必要的行为",即指定由他承担的、可确定的职责。惩罚的威胁使得人们被动地注意他们的工作,这就是我们对大多数官职的要求。免职的惩罚——外加部门内部精巧的制衡——能够最有效地让官员变得负责(II,页204;IX,页51)。但是，更直接涉及立法时，职位资质对应积极作为。边沁强调，立法不仅要求正直和智识资质，而且需要积极作为的才能(III，页434)。免职的威胁可以激发官员履行日常职责，但是只有对于那些职责特别明确且不作为较为明显的职责，这种惩罚最为有效。[142]比如说，惩罚可以激发人们出席。边沁认为，在一些不那么明确的事例中——涉及错误或糟糕的判断而非出于恶意——"撤销对某人的信赖"也可能成为一项制约。但是，这并不是一个惩罚的时代。而且，在任何情况下，免职都是在木已成舟时，惩罚其始作俑者是"对战争造成的损害的令人遗憾的安慰"(II，页555)。在确保优良政府方面，惩罚只能完成一半的任务。最重要的是，惩罚无法激活"隐藏的权力"。只有回报能够创造活力，"大量的热情，克服困难，比命令产生的动力大几千倍。"(I，页338)"活力"这个术语在边沁论官僚的著作中，就像在浪漫派著作中那般显著。虽然立法并不完全是一种创造性活动，但是它确实需要人们做出积极的思想努力。它需要有人来发启。无论如何，这里不能有倦怠。后者在边沁看来是贵族官僚的特征。有关回报和惩罚的恰当制度必须不仅要能够控制和约束行为，而且还要能够调动人。

在这点上，我们需要注意，边沁并没有主要指望知识分子来立法。他会允许知识分子提出一些具体措施，而且他鼓励政府去邀请知识分子做些贡献，但是，天才很少，更少有时机能让天才投身立法。普莱斯的偿债基金是一个著名的例外(II，页228—229、321)。立法必须是一项常规工作。它既不需要智慧，也不需要德性。边沁将立法者和行政人员所需要的东西称为"资质"，而不是"智慧，这个浪漫派的称法"(IX，页57)。虽然立法所必需的那种思想是比较费力的，但是边沁认为，有人能够提供这种思想。那些应当去立法的人与这些人的回报之间存在一种明确的关系。公共服务能够吸引那些"被他们的无足轻重所压制，想要出头的人"

(II,页249;I,页281)。①

柏克说"普通的服务……必须由想要表现出普通正直的动机来保障"。柏克说的是金钱:金钱能够激发"有德性的野心"。卑鄙而败坏的挥霍无度的人才会佯称,再来一点回报就够了;只有"炫耀的野心"会心怀感激地提供服务(V,页295、290、296)。这就是边沁对柏克的理解,而且边沁赞同,俭朴本身并不足以保证良好的品质。共和国(比如说),在金钱奖赏方面较为小气,但是对于授权却比较大方。权力被授予那些人们对其寄托"短暂信赖"的人。[143]边沁写道,政治野心确如柏克所说的那般危险:"整个国家要有祸了"(II,页201)。但是,柏克的错在于,除了对金钱的欲望能够确保公共服务外,他诋毁野心的实用价值:"我对他(官员)的看法是……除了金钱,还有其他一些东西能够成为他关注的目标"(V,页313)。边沁反驳说:没有钱的人就一无所有,或者说,有钱的人就不再想要其他东西了,这都是不对的。荣誉完全是另一种野心。但是,荣誉必须被驯服。边沁心中所想的荣誉并不是贵族官僚的虚假荣誉,但也不是阶层荣誉。古典荣誉危及自身。渴望真正荣誉的人并不满足于出类拔萃,他们想要获得独立——甚至还有骄傲。边沁解释说,如果荣誉确实渴望承认,那么这就是"一个它试图掩盖的秘密"。荣誉的微妙被"荣誉的公共证明所必需的诸多程序"所伤害(II,页230;IX,页58)。但是,这些证明正是负责的公共服务所必需的。真正的荣誉与骄傲之间的关系还解释了,为什么传统上荣誉和金钱之间从无往来:因为金钱仅仅是多少的问题。荣誉拒绝平等。荣誉选择评价而非财富。贵族官僚对金钱的向往表明,这种欲望与荣誉无法相容。但是,金钱作为公共服

---

① 因此,与古典荣誉的一个重要相似之处依然存在,因为这个阶层是开放的,而且在某种意义上,占着位子的人是自我选择的。

务的刺激是必要的。在这点上,边沁赞同柏克,虽然各自的理由不同。金钱终止了想要获得独立的幻想。金钱使得服务变得常规。

在边沁这里,公共服务的典范是职业化,荣誉和智慧都需要被驯化。职业化将荣誉转化为名誉。它们的区别在于,荣誉通常是一个品格问题,职业名誉是指符合某项具体服务已有的某些外部标准。职业中的荣誉被金钱驯化。金钱将服务常规化并且(同样重要)为职业人士依赖于公众和同行提供持续的证明。边沁认为,有收费的地方,人们就会做生意,这个危险总是存在。对于律师来说如此,但是医生则不同。医疗职业常常发现疾病的治疗方法,从而牺牲了自己获利的途径(II,页212注释)。金钱使得服务变得可靠,但是名誉是职业人士的主要回报。他们的收费真的就只是"谢礼"(X,页337)。简言之,职业化表明,[144]在荣誉和生意中间的昏暗区域,一个回报制度可以存在,没有任何问题。这个制度实现了边沁所努力想要实现的"骄傲和贪婪之间……牢固的融洽"(II,页217)

职业还消除了消极注意和智慧间的分离。边沁教导说,立法所需的知识并不是哲学,而是形式原则和统计资料。信息来自于他人,就像法律证据那样,信息是被"听到的"(IX,页260)。但是信息和证据一样,必须来自积极的征集。实际上,征集信息的那些方式就是收集证据的那些方式。边沁较为明确地表示,虽然有关许多可立法事项(特别是经济事项)的信息当下都无法获知,但是一旦政府开始有组织地收集这些信息,它们就会出现。更为重要的是,根据功利原则,没有必要让每位立法者自己去发现有哪些信息,如何运用这些信息来立法。立法是可以传授的,而且立法的原则适用于所有具体情况。在边沁脑中,立法事务方面的整套经验是完全可以想象的。他最喜欢将立法过程与医疗活动作比较(VI-II,页277;I,页304;斯塔克,I,页379;斯塔克,III,页253)。有一点求医的人不清楚,但是边沁很清楚:现代医学并不是始于健康的

第六章 负责的公共服务

概念而是始于疾病的概念,始于病理(I,页 304)。医生努力医治疾病,且常常无法做到。他们更为即时的目标是缓解疼痛(IX,页 126;I,页 22 注释)。边沁对立法者的任务的描述——首先是要努力消除恶或减少失望——明显与医学存在类比关系。此外,在另外一些情况下,医生运用一些完全令人痛苦的方法。就这点而言,法律与手术、药物相差无几。这种比较指出,医疗活动是有关观察和实验的活动。只有通过试验和错误,医生才能知道哪种药物有用,或学会区分疾病的"非影响"原因和"推动性"原因(VIII,页 277、209)。在立法中,不能或缺的正是经验(III,页 490—491)。边沁建议说,经验正是行政人员相对于民选的立法者所具有的优势(IX,页 625)。他解释说,行政与立法"紧密相关",而且他鼓励行政官员启动立法并参与讨论(IX,页 181—188、265、316;III,页 542、550)。他提议,前议员和资深大臣应当继续保留议会席位(III,页 490—491;IX,页 170、175)。但是,这并不是说,经验有约束力。立法者应当倾听,根据具体情况来做。在立法上,并不存在没有弹性的规则。[145]落实原则而引发的结果从来都无法完全预测,法律总可以得到纠正。

这意味着,对边沁来说,立法与职业服务一样,从来都不仅仅是一个技术问题。① 边沁明白,只有存在自由裁量时,才会有责任问题(V,页 558)。他写道,有些服务无法予以限定和监督,而且人们不能因为没有提供服务而遭受惩罚,因为我们无法知晓,什么使得他们没能提供服务(I,页 338)。立法这种任务,无法承担直接责任(II,页 301 注释)。当然,职业服务也具有这种不确定性。在这点上,职业主义作为负责的服务的典范的重要性就变得明显了。顾客并不完全知道他想从职业人士那里获得什么。职业人士无法允诺

---

① Letwin,《追求确定性》,前揭,页 187。

满足他的客户,赢得官司或治好他的病。责任并不是一个经济概念,职业关系也不是一个经济关系。职业人士和顾客并不讨价还价。在职业活动中(公共服务也一样),买入和卖出的对象是职业人士依照已有的职业标准尽力而为。但是,这并不是说,医疗或立法是任意的,因为边沁理解的任意是不需要给出理由(V,页556)。

边沁解释说,责任在于将自己视为行为的作者(author)并陈述这些行为的依据。诚实应当是政治议会的"活力原则"(II,页303)。边沁提出,所有公共职位——包括所有行政职位——都应当是单独的职位(IX,页215、76)。他希望所有公职人员都是可识别的,每个人在职位体系中的位置较为明确(IX,页226)。他将民选代表称为议员(deputy),并不是因为人民指示他们怎么做(IX,页161、125),而是为了强调,他们由人民任命为人民的代理人。他想要强调,官员是各自任命的,他们各自是自己行为的作者,而且它们各自对这些行为负责。他坚持,所有官员的行为都应当受到监督。人民基本上接受作为一个整体的政府。这远远不够。(IX,页155、160)。因此,所有官员都必须是可识别的,而且愿意宣告自己行为的依据。边沁指出,公共事务中已经存在这种理解,因为甚至连贵族议会人士现在都觉得,"正派"要求所有成员做做样子,表达自己的见解。给出理由这个习惯依然存在于某些法律中[146]——基本上是有关警察、金融和政治经济方面的法律——因为正是在这些领域中,立法者必须创造一切。在这些现代领域,所有的措施都是创新,所有的法律都与古代惯例不同。因此,"当局应当证明自己"(I,页162)。但是,为立法提供依据这是最近的发展,并限于少数一些国家政策领域。边沁写道,"交流方式的状态标志着观念的进步"(I,页102注释)。与军队和司法相比,警察权是一个新的名称,这项权力发展得比较任意,与前两者以前的情况一样。再次重复一遍,所有官员都对人们负责,都必须是可识别的,必须为自己的行为提供理由。接下来还需要说明,边沁如何看待民众对官员的控制。

边沁说,民众控制的主要机制是免职权。这项权力将使民众可以监督政府和具体的个别官员,甚至鼓励民众进行这种监督。这项权力的目的是保护民众,反制官员的特殊邪恶利益入侵政府。某个官员即使被怀疑做出此种行为,人们也应当撤销他们的信赖,将其免职,即使他并没有任何明确的恶意。边沁提醒说,一个政治会议丧失信誉就如同一个人自杀(II,页305)。简言之,人们应当能够追溯他们遭受的痛苦的来源(IX,页43)。边沁的意思是,人们应当能够将某些行为追溯至某些可识别的官员。边沁是从作者身份(authorship)这个角度来分析责任,谈的是"谁"而非"什么"使得人们受到侵害,谈的是人而非措施。边沁强调,人们不应当忍受公职人员带来的苦头。公职人员必须履行"礼貌义务"(IX,页43)。边沁还鼓励人们在遭受到官员的轻微口头侵犯、坏脾气、轻视、骚扰和延迟时予以反击(IX,页43、501)。

这点怎么强调也不为过。官员对民众负责,他们听命于民众。但是,这并不意味着,他们的职责是简单而直接地实现民众的欲望。边沁认为,他们要为功利立法,为优良政府向民众负责。边沁不断地重复这点。人民任命议员是一项反制特殊利益和专断性的保护措施。但甚至连议员(更不要说行政官员和司法官员)都不能被迫在具体政策上反映公共舆论。边沁既没有建议也没有鼓励,为了政治目的而研究处理公共舆论。他并没有探寻民众如何通过某种非正式途径来参与政府。[147]他在推进激进改革时指出,激进改革并不允许民众在政府中扮演积极的角色。民众的权力仅仅是委托权。边沁一直都是这个立场,甚至在毫无修辞色彩的《宪法典》中也是如此:"从他们在任何场合实际上做出的任何具体判断那里,无法指望获得我们这里想要的好处"。选举并不是收集民众对特定问题的想法的方法。它仅仅是选择、任命代理人的方法(IX,页42、98—99)。边沁写道,民众的权力并不是真正的立法权或发出命令的权力。它并不是一项"直接的、即时的、祈使性的、效果显著的、强制性的实际起作用的权力"(III,页465)。民众并不真的统治,因为他们"真的不善于"做这件事(IX,页98)。医生病人的关系这个类比在这里特别有启发性。立法者应当倾听民众有关苦乐的表达,倾听他们的病症。医生并不被要求关注病人的自我诊断。也许边沁选择谈论民众的幸福而非他们的利益,原因之一就是要明确这项区分(IX,页6、125)。边沁重复说,我们能够指望从公共舆论的判断中获得的好处,并不是来自于公共舆论可能会说什么,而是来自于公共舆论可能会思考什么问题(IX,页42、62、204、501)。负责的政府最有可能得到服从。

责任仅仅在部分意义上是建立使官员能够对他们的行为负责的机制这样一个问题。官员为功利立法向民众负责。边沁不仅关注民主控制,而且关注公共服务的理念(他期望这些理念能够武装和吸引官员)。边沁写道,根据它们的构成,政治议会被认为包含一个"内部公众"。但是,这个方法并不足以确保所有个体的幸福(II,页310)。边沁警告说,正是因为那些通常构成立法者的"乱七八糟、运转不灵、成分混杂、无关联的大众",律师帝国才在英格兰自动地扩展。这群人无法立法,法律就落到司法这个机构严密、经验丰富且内部人士关系密切的机构手中(OLG,页240)。因此,边沁希望政府具备的一致性并不是政府的"代议制"构成所具有的功能。边沁是希望"负责的公共服务"这个理念能够发挥整合能力。职业理念又一次成为典范。职业人士通常根据同行共有的标准尽力而为。某个职业作为一个整体,认为维护这些标准事关他们自己的利益。[148]从这个角度来看,负责就在于用职业话语陈述自己的理由。边沁希望官员能够具有的正是这种理念。边沁确实鼓

第六章 负责的公共服务

励公共监督,但是官员"自己爱挑剔的、才智过人的同行"(X,页337)的目光会盯着他,这也同样重要。正如职业人士将主要依靠自我执行的标准内化,边沁期望有另一种"内部公众"使得官员变得负责:他写道,官员应当"继续在心中牢记自己的行为是受到监督的"(II,页426)。边沁虽然厌恶誓言,但是他还是会让立法者立下一个与希波克拉底誓言类似的誓言(IX,页198—199)。边沁知道,接受共同标准以及共同标准的内在化首要要学习和使用职业语言这个重要的同行纽带。

如我们已经清楚了解的,边沁深入思考了立法者(以及所有政府官员)应当使用的语言以及他们应当采用怎样的职业说话方式。边沁称之为功利的语言,或感觉的语言。在这里,医学再次成为边沁的例子,清楚地说明了他的意思。他写道,如果没有恰当和特有的名称来明确疾病的原因,就不可能减轻症状或完全治愈。医学需要能够帮助人们理解疾病的性质并使得人们可以谈论这种疾病的术语。边沁接着说,对于自然体的从业人员和政治体的从业人员来说,这都不算什么秘密(V,页269注释)。感觉的语言引导立法者关注那些必须被考虑和处理的事情:个体的苦乐。因此,与功利无法分离的语言和形式首先要确保的是信息得到采集。国家的所有权力都必须是为了实现这个目的(VI,页61)。"信息的来源并不会短缺",边沁很确定,"只要称职的当局去向他们咨询"(斯塔克,III,页171)。[1] 在《宪法典》中,边沁具体说明了立法者以及司

---

[1] 边沁对登记和记录方式的执迷怎么强调也不为过(V,页417、421;VI,页60、72;斯塔克,III,页165—166;IX,页232—264)。边沁阐述了获得证据和信息的多种方法和不同类型的调查,包括收集样本的方法。边沁认为,信息必须被收集和创建。实际上,边沁的所有著作都表明,他很关心这项工作包罗万象、错综复杂以及科学的性质(VI,72)。边沁还关心信息在各个部门和立法委员会内部以及它们之间传递的方式,故而,他对常设官员和民选官员之间的关系感兴趣(IX,625)。他也没有忽视地方政府和中央政府在这方面的关系(IX,640)。

法、行政官员,为了履行他们的"统计"、"检查"、"诱导"职能所需要采用的方法。也许,要想充分理解边沁的感觉语言,最好的方法是将感觉语言视为对抗贵族官僚的政治语言,即修辞。

《最大化官员资质,最小化开支》本身就是对雄辩术的抨击。它是写给那些边沁批评的政治家看的,让他们心里不舒服。在某些地方,边沁用他们的语言来写作,但是有所不同:柏克的修辞是西塞罗风格的,正统的修辞术。边沁的修辞是讽刺性的,一种颠覆的口气。① [149]边沁知道,修辞是讲给朋友的。这种说话方式适合于贵族制和小型民主制,布鲁厄姆坦言,自己的目标是同时保持公共德性的标准和雄辩优异的标准。② 边沁认为,在现代国家,两者相互冲突。修辞就是无法与他所理解的责任相容。原因在于,雄辩的要点就在于,基于言说者是谁或是什么,来规劝或说服其他人赞同。对边沁来说,就像他批评柏克时所说的,修辞是"对形而上学的不信任"(X,页510)。修辞的目的并不是教化人,而是达成一致意见。只要听者能被说服,演讲人完全不在乎听者是否理解他的解释。修辞由"妇人之道"指引。他根据什么能够达成一致意见而选择立场(V,页586注释;II,页465)。边沁写道,当下,议会人士那里存在许多不同的说话方式:有些是辩士,其受众是那些轻易被别人的肺活量而非论证所捕获的人;有些是讽刺剧演员,其受众是那些想要被逗乐的人;有些讲理的人,其受众是极少数仅仅听从理性的人(即,擦亮这个国家并计算选票的"机灵且积极进取的人");以及那些擅长当下盛行的财政演讲——伪科学——的人(V,页385—386)。简言之,雄辩术是恳求(II,页327),它想要获得一致意见。但是,即使修辞能够带来一致意见,它也无法带来理

---

① Highrt,《古典传统》,前揭,页324—327。
② Brougham,《乔治三世时期活跃的政治家的历史简述》,前揭,I, vii。

第六章 负责的公共服务

解。功利(所有的科学语言亦是如此)的要点正是要提供解释,达成理解。归根到底,功利是法律的依据。

因此,感觉的语言应当成为公务员的共同的说话方式。它的目标是一致性,但是也就到此为止。边沁承认,对于立法的一致意见并不一定会随之而来。修辞可能带来一致性,但是这仅仅是表面的胜利:"这是一种通过让陪审员挨饿或监禁他们而得来的一致看法"(II,页332)边沁希望,能够达成一致意见的训练仅仅借助感觉的语言和功利原则。就算它没有其他作用,就算它不能带来积极的措施,这种语言还是让我们回想起"所有义务都应当具有益处这个面向"(III,页180)这个理念。最重要的是,一种明确参照个体欲望的语言会使官员变得负责。

还有一件事需要说明。边沁以职业主义为模型来塑造公共服务。在这个方案中,充分践行相关原则的名声代替了品格,成为资质的尺度,而"骄傲和贪婪之间牢固的融洽"进一步确保了责任。边沁的解释完全是一项妥协,[150]因为职业主义存在于知识和品格的阴影之下。但是,在边沁看来,另一条路是贵族官员情谊,其纽带是虚假的荣誉,其目的是满足他们的贪婪。在边沁脑中,职业精神肯定是一项进步。边沁的解释之所以是一项妥协还在于,职业名誉是一种公众意见和同行意见之间不确定比例的混合。这样一种公共服务概念正是根据医生来塑造立法者和将立法者视为一位代表这两者之间的平衡。这种显然有些难度的妥协最终体现在边沁的责任这个概念中。

当然,这意味着,政治的中心舞台出现了一个全新的问题。人们争执的问题不再是国家和社会之间或国家与个体之间的恰当划分。依照这种解释,人们必须要成功调和的是专家和公众。边沁并没有为这个问题提出一个解决办法。但是,他并没有忽视这个问题。可以说,他在防范这个问题。虽然立法并不是将公众意见直接转化为法律形式，但是它依然无法不参考人们的欲望。在所有这些方面，边沁都反对那些没能直接面对政治问题的人或方法。毕竟，这就是功利对骄傲的理解。功利要求，人们不仅在开始时要参照欲望，而且一直要参照欲望。立法没有尽头。这就是为什么与民选代表一样，行政官员、司法官员也要负责。实际上，正是这种将立法视为一种持续的、非终局性的无限过程的观点使得有些人难以忍受功利。

结　论

[152]本书的论点是：边沁的政治思想有一个国家理论。在大多数国家理论家那里，国家被认为是一个更高的合理性，高于不断变化且相互冲突的个体或团体利益。边沁将这个合理性称为功利。他解释说，功利体现在一个统一法体系中。他认为，一个单一的、合理的法律体系赋予国家以统一性。国家是一个法律实体，其伦理基础是个人主义。边沁指出，这是一个十足现代的政治秩序概念，但是他还是需要说明，政治如何才能符合这种理解。现代化首先需要两件事。它需要一个范围没有边际的法律体系，切合它的个体欲望这个基础。它还需要一些制度来支持这个法律体系，特别是一个官僚化的公共服务，从而使得立法变成一个不断适应多样性和变化的持续过程。

将国家作为秩序规范的理论，可以与特定种类的政权偏好相分离，包括混合政府。国家吸收了多样性。也许，强调国家是一个法律实体略微解释了，为什么要确定边沁的政治偏好是如此的困难。边沁在自由派—激进派—保守派的光谱中没有一个确切的位置，因为他主要想理解国家（或优良政府）的必备条件。他偏好民主制也完全是出于[152]工具性理由。边沁一直坚持的一件事——在他看来,这源于国家的个人主义基础——是绝对主义。这并不是说,边沁提倡我们现在所说的强势国家。功利是一项形式原则,但是它受到某些确切价值的影响,这些价值在边沁的著作中清楚明白。

边沁是法律主义这个价值的重要说客之一。他认为,幸福和正义无法分离,因为两者都依赖于在一个理性法体系中遵守规则。边沁还清楚阐明了法律主义这个价值的目标——保障预期和个人责任。但是,法律主义并不是影响作为法律依据的功利的唯一价值。还有一个是多样性,或者说,宽容。边沁并没有保证,功利能够防止分歧或敌意。实际上,他在主张这项原则时提出的一个说法就是,这项原则能够暴露分歧的原因。他说,功利将用反抗或内战来代替阴谋。边沁也没有保证,功利绝对可以在实践中确保宽容。他知道,任何法律形式或法律方法,以及正当程序内的所有措施,都无法防止人们在政治上迫害自己反感的一方(VI,108—109)。但是,边沁认为,功利确实对于防止迫害大有帮助。功利并不将一致性作为政治决定的唯一或最佳的基础,而且功利并不主张,一致性对秩序来说是必要的。实际上,功利的主要好处在于,它反对那种掩饰渴望一致性的修辞方法。如果功利是政治行为的依据,那么它就会强迫统治者至少要关心所有的欲望。在某种意义上,通过将所有措施变成事后可以纠正的措施,功利甚至减轻了不宽容的恶。当然,一旦理性讨论盛行,狂热主义就会孤立无援,即使不是每次都会被克服的话。总之,功利是在现代国家达成一致意见和确保秩序的最佳办法。如果说这是一个缺乏热情的消极主张,那只是因为它就是一个谦逊的主张。

边沁的思想显然是消极角度的,而且在谁应当立法这个问题上更为谦逊。尽管他有许多著作分析负责的公共服务,但是它从没有指出,谁应当担任官职。只有两点可以确定:国家不需要依赖哲学家或外邦人,而且它的合理运作不能依赖传统精英。边沁并没有说谁是"新人"(*novi homines*),他只说这是一些积极活跃的人,可能是中间阶层。他确实说,政府的组织和公共服务的理念将使得官员变得负责。但是,与宽容一样,责任是一种个人习惯,它并不是一种统治者比其他人更常具备的品质。[153]边沁知道,只有当人们普遍愿意接受多样性时,宽容才可能成为公共政策的标志。只有当人们普遍秉持怀疑时,公共服务才可能变得负责。

也许,边沁对国家作为规范秩序的乐观,也最好从一个消极角度来予以理解。边沁承认,功利无法满足所有人的需要,甚至无法平等地满足人们的需要。他的习惯用语——政府是恶、不失望原则——清楚表明了这点。但是,他坚信,国家可以比其他任何制度更好地保护人们,他的这个态度在他有关国际事务的著作中尽显无疑。没有哪项原则能够完全防止分歧,甚至战争,但是,与统治者受宗教或王朝争端或国家仇恨的激发而行事相比,如果国家最佳利益支配着统治者的行为,对外事务的进行必定会更为温和。边沁指出,在国际事务和国内事务上,现代政治基于对相关行为如何影响国家所有个体的幸福的估计。功利许诺的是效率。功利期望将恶最小化。实际上,边沁提出各种务实的改革建议是为了,使得人们都能理解国家作为一个规范所带来的好处和成本。边沁强调,这种被称为功利的新的公共合理性必须是公共的。功利的要求不能是秘密的,即使是为了保持和平或为了公众的良心免受谴责也不行。国家可以比其他任何秩序更好地保护人们。而且,从另一方面来讲,国家也是最佳的秩序形式:这个理念最有可能使人们接受多样性和变化这些现代性的特征。

索引

Absolutism,绝对主义 2,5,71,74,77,78,99—100;and popular sovereignty,绝对主义与人民主权 74,80,82,152

Aestheticism,审美主义,8,44,45,58—59,63—71

Anarchical Fallacies,《无政府主义谬论》,62

Aristocracy,贵族:and classicism,贵族与古典主义,9,59,67;and the people 贵族与人民,37,47,79,84,120—10,133,135—136;aesthetic ideology of,贵族的审美意识形态 59,65—68,70;principle of honor,荣誉原则,127—132,135,137—139,143.另参见 Officialdom,官僚

Aristotle,亚里士多德,8,22

Asceticism,禁欲主义,8,43—44,45,58—63,65,69,70—71

Beccaria, Cesare, Marchese de,贝卡里亚,切萨雷,马尔赛斯,德 34,48

Benevolence,仁慈,14,49,65,103,160n33;and public service,仁慈与公共服务,20—121

Blackstone, William,布莱克斯通,威廉,9,30,66—67,69—70,76,91

Bodin, Jean,博丹,让,75—76

The Book of Fallacies,《谬论之书》37,56

Brougham, Henry,布鲁厄姆,亨利,25,119,129,149

Burke, Edmund,柏克,艾德蒙,119,128—138,142—143,148—149

Burr, Aaron,伯尔,亚隆,18

Classical thought,古典思想,8,9—11,12,17,21,26;and aristocratic aestheticism,古典思想与贵族审美主义 59,66—68.另参见 Legislator,立法者

Codes,法典,10,12,14,18,24,25,124;and legislative form,法典与立法形式 11,13,19,22—24,95. 另参见 Legislator,立法者

Command theory of law,法律命令论,参见 Law,法律

Common Law,普通法,9,10,18,23,24;criticized,批判普通法,68—69,90,93—97,122—126

Constitutional Code,宪法典 7,20,37,53,78—79,80,84,86—87,118,139,140,141,147,148

Custom,习惯、9,43,68—70,92

Defense of Usury,《为高利贷辩护》,51

Democracy,民主,146—147;Bentham's preference for,边沁的民主偏好,7—8,70,78,84—86,117,151—152; distinct from popular sovereignty,民主不同于人民主权,78—79,83,86,87—88;popular control of governors,民众对决策者的控制 83,85—87,133,145—147,163n13;and war,民主与战争,108,115

Efficiency,效率,35,51,71,83,110,139;a consequence of utility,功利的一个结果 58,104,106,116,153

Enlightenment,启蒙,3—6,28—29,39,109,110;consmopolitanism,世界主义,1,4,100—101,106,112,164n9

Equality,平等:in radical psychology,激进心理学中的平等,28,29,33,38—39;and security,平等与安全,41—42,47—48,50—53;of subsistence,温饱的平等,48—50,52—53;and revolution,平等与革命,51—52,60—63;of states 国家间的平等 113—116

Fanaticism,狂热主义:utility opposes,功利反狂热主义,24—25,42—44,56,117,152;and revolution,狂热主义与革命,43,51—52,60,63,70

Fénélon, François,费奈隆,弗朗索瓦,14—15,21

Fictions,拟制,68—70

A Fragment on Government,《政府片论》,30,66,70,76,86

French Revolution,法国大革命,8,57,161n6,162n10;and Declaration of Rights,法国大革命与《权利宣言》62—63

Government,政府,69,72—73,86—87,98,113,117,118,151,153;resistance to,反抗政府,40—41,79—80,90,91,92. 另参见 Aristocracy,贵族;Democracy,民主;Legislation,立法者;Public servise,公共服务

Halévy, Elie,哈列维,艾利,3,7

Hartley, David,哈特利,大卫,32—

33,39

Helvetius, Claude Adrien, 爱尔维修, 克洛德, 阿德里安, 29—32, 36—39, 40, 56

Hobbes, Thomas, 霍布斯, 托马斯, 10, 39, 40, 47, 82, 109; on security, 霍布斯论安全 40—42, 44

Honesty, 诚实, 18, 21, 40—41, 58, 145; lawyers impede, 律师妨碍诚实, 124, 127

Hume, David, 休谟, 大卫, 10, 34, 141

International law, 国际法, 105, 106, 107—108

International relations, 国际关系, 6, 99—117, 153; colonies, 殖民地, 106—107, 111, 114; balance of power, 权力均衡, 112—114; and trade, 国际关系与贸易 114—115; and public opinion, 国际关系与公共舆论 115—116. 另参见 International law, 国际法; Reason of state, 国家理性; Utility, 功利; War, 战争

An Introduction to the Principles of Morals and Legislation,《道德与立法原理导论》, 7, 10, 12, 27—28, 31, 34, 35, 36, 38, 58, 62

Judiciary, 司法, 23, 86, 91, 134; domestic tribunal, 15—16, 96—97; function, 职能, 92—97; and legal profession, 司法与法律职业, 124—126

Law, 法, 7; higher law, 高级法, 56—57, 90—91, 161n4; command theory of, 法律命令论, 74—75, 83, 88—97; and punishment, 法与惩罚 89—91, 141—142. 另参见 Codes, 法典; Common Law, 普通法; Legislation, 立法; Logic of the will, 意志的逻辑

Legal Profession, 法律职业, 9, 30, 47, 56, 100, 124—127; and command theory of law, 法律职业与法律命令论 75, 93—97; and lawmaking, 法律职业与法律制定 97—98, 119—120, 122—124, 127, 147

Legislation, 立法: ordinary, 日常, 9—10, 142; vs. education, 立法 vs. 教育, 10, 14—15, 17—18, 20, 21, 39, 46, 52, 91; vs. ancient law, 立法 vs. 古代法, 14, 15, 17, 21, 27, 29, 37, 41—50, 52, 54, 152; specific and timely character, 具体性和适时性 16, 56, 62, 87, 118, 144—145; changeable, 可变的, 17, 53, 82, 95—96, 118, 144—146, 150; and administration, 立法与行政, 18, 118, 144—145, 148; and judiciary, 立法与司法, 93—97

Legislator, 立法者, 10, 11—12, 13—18, 19, 20, 23—24, 79, 158n8, 11; Bentham's version of, 边沁

的立法者观 21—25

Letters of Anti-Machiavel,《反马基雅维利的信》6,26,109—110,113

Lind,John,利德,约翰,25

Locke,John,洛克,约翰,30,414;on psychology,洛克论心理学,28—32,36—37,41,44—46,158n16;on property,洛克论财产权,45,48

Logic of the will,意志的逻辑,22—23,24,88,94,95

Mill,John,密尔,约翰,8

Monarchy,君主制:Bentham's view of,边沁有关君主制的看法 7,8,67,78,134—136;and sovereignty,君主制与主权 75—79,82,83,99;and international relations,君主制与国际关系,99,101

Montesquieu, Charles Louis de Secondar,孟德斯鸠,查理·路易·德·色贡拉,19

Motives,动机,28,33—36;and punishment,动机与惩罚,27,29,34—36,38,91;and egoism,动机与利己主义,34,37,39,40;Bentham attacks,边沁攻击 26,37,56

Natural Rights,自然权利 56—57,59,62—63,161n2

laws in General,《论一般法律》,91,93

Offenses,侵犯,35,38,39,40,64—65,94

Official Aptitude Maximized, Expense Minimized,《最大化官员资质,最小化开支》,119,128—129,132,139,148

Officialdom,官僚 86,118;rewards for,官僚的回报,5,6,20—22,123,128—131,137—139,141—144,149,165n13;aristocratic officialdom,贵族官僚,119—120,127—139,140,141,142,143,150;services,服务,119—123,139—142,144—146;favoritism,裙带关系,133—136,138.另参见负责 Responsibility

Owen,Roberts,欧文,罗伯特 64

Panopticon,全景监狱 19—20,39,97

Parliament,议会,20,91,97;aristocratic,贵族议会,20,125,134—136,140

Plan of Parliamentary Reform,议会改革计划,84—85

Plato,柏拉图 17

Poverty,贫穷,47—51,52—53,13,160nn32—35;subsistence,温饱 45—46,48—51,53,104

Price,Richard,普莱斯,理查德,141,142

Principles of International Law,《国家法原理》,6,102,105,109

Progress, 进步 4, 6, 39

Property, 财产, 45—48, 51—52, 60; and aristocraticgovernment, 财产与贵族政府 132—133, 137

Public service, 参见 Service, 服务

Publicity, 公开性, 84—85, 87, 130, 153; and international relations, 公开性与国际关系, 6, 110, 112, 116

Radicalism, 激进主义, 7—8, 30, 84—85, 113, 126, 147; philosophic radicalism, 哲学激进主义, 25

The Rationale of Reward, 《回报的依据》, 139

Reason of state, 国家理性, 4—6, 8, 72, 117; and international relation, 国家理性与国际关系, 100, 102, 106, 108—111, 112, 115—116

Responsibility, 责任, 21; of officials, 官员的责任, 21, 83, 86—87, 118, 119—123, 141—150; legal, 法律责任, 35—36, 152

Rhetoric, 修辞, 26, 44, 56, 70; and law, 修辞与法, 16, 62; and aristocracy, 修辞与贵族制, 66, 148—149

Ricardo, David, 李嘉图, 大卫 25

Romanticism, 浪漫主义, 3, 142

Rousseau, Jean Jacques, 卢梭, 让·雅克, 5, 19, 25, 39, 79; on the Legislator, 卢梭论立法者, 15, 17; on equality, 卢梭论平等, 42, 46—48, 52.

Security, 安全, the end of law, 法律的目的, 29, 36, 37, 41—45, 52, 55; of property, 财产的安全, 45—46, 48, 51—54, 60; of states, 国家间的安全, 101, 104—106, 111, 113—115, 160n38

Service, 服务, 47, 73, 138; Public service, 公共服务, 119—122, 127, 132, 139—141, 142—143, 145。另参见 Officialdom, 官僚; Responsibility, 责任

Shelburne, Lord, 谢尔本勋爵, 11, 25, 26, 109

Smith, Adam, 斯密, 亚当, 138, 141

Sovereignty, 主权, 71, 74—77, 82, 99; popular sovereignty, 人民主权, 74, 75, 77, 78—80, 82—88, 102; and arbitrariness, 主权与专断性, 81—82, 83; and command theory of law, 主权与法律命令论, 88—92, 94. 另参见 Monrachy, 君主制, State, 国家

State, 国家: state theory, 国家理论, 1—6, 7, 8, 71, 72—73, 99—100; a legal entity, 法律实体 2, 6, 7, 10, 83, 117, 118, 151; a norm of order, 秩序规范, 3, 4, 101, 116—117, 151—153; range of activities, 行为范围, 41—42, 49—51, 80, 145—146, 148, 151; sovereignty of,国家的主权,72—73,88,100,101,105,108—109,116—117;consolidated,统一的国家,107,111. 另参见 Utility,功利;International relations,国际关系;Security,安全

Statistics,统计: and legislation,统计与立法,18—19,87,118,144; and state activity,统计与国家行为 50,148,164n1,165n20; vs. aestheticism,统计 vs. 审美主义,64

Supply Without Burden,《无负担的补给》,52

A Table of the Springs of Action,《行动源泉表》,33

Toleration,宽容,3,65;and utility,宽容与功利,39,58—59,71,152

Utility,功利: and diversity and change,功利和多样性以及变化,3,18,20—21,26,39,57—58,65,150,152;a higher rationality,一种更高的合理性,5,9,27,73,83,117,118;and private morals,功利与私人道德规范,7,10,58—59,80,90,157n4;a rationale for law,法律的依据,7,9,17,20—21,24,38,55—56,59,93,123,146,149;antirhetorical,反修辞,10,25,44,56,148—149;and expectations,功利与预期,24,37,43,96,123; vs. aestheticism and asceticism,功利 vs. 审美主义和禁欲主义,44,58—59,64;predication,预测,44,53;and resistance,功利与反抗,78—79;equal utility of state,国家间的平等功利,101—106,108,109,110—112,113—114,115—117

Voltaire,François Marie Arouet de,伏尔泰,弗朗西斯·马利·阿鲁埃·德,10

War,战争,104,105—106,108,111,113,115,153

图书在版编目(CIP)数据

边沁的现代国家理论/(美)南希・L. 罗森布卢姆著;王涛译.
--上海:华东师范大学出版社,2018
 ISBN 978-7-5675-8293-4

Ⅰ.①边… Ⅱ.①南… ②王… Ⅲ.①国家理论—研究
Ⅳ.①D03

中国版本图书馆 CIP 数据核字(2018)第 205396 号

华东师范大学出版社六点分社
企划人　倪为国

BENTHAM'S THEORY OF THE MODERN STATE
by Nancy L. Rosenblum
Copyright © 1978 by the President and Fellows of Harvard College
Published by arrangement with Harvard University Press
through Bardon—Chinese Media Agency
Simplified Chinese translation copyright © 2018 by East China Normal University Press Ltd
ALL RIGHTS RESERVED
上海市版权局著作权合同登记 图字:09-2015-824 号

边沁的现代国家理论

著　　者　(美)南希・L. 罗森布卢姆
译　　者　王　涛
责任编辑　陈哲泓　彭文曼
封面设计　刘怡霖

出版发行　华东师范大学出版社
社　　址　上海市中山北路 3663 号　邮编　200062
网　　址　www.ecnupress.com.cn
电　　话　021-60821666　行政传真　021-62572105
客服电话　021-62865537
门市(邮购)电话　021-62869887
地　　址　上海市中山北路 3663 号华东师范大学校内先锋路口
网　　店　http://hdsdcbs.tmall.com

印　刷　者　上海盛隆印务有限公司
开　　本　890×1240　1/32
插　　页　2
印　　张　6.5
字　　数　140 千字
版　　次　2018 年 11 月第 1 版
印　　次　2018 年 11 月第 1 次
书　　号　ISBN 978-7-5675-8293-4/D・224
定　　价　45.00 元

出 版 人　王　焰

(如发现本版图书有印订质量问题,请寄回本社客服中心调换或电话 021-62865537 联系)